GÉOGRAPHIE

DES

ÉCOLES PRIMAIRES

Par A. PINET

OFFICIER DE L'INSTRUCTION PUBLIQUE,

Inspecteur de l'Enseignement primaire, délégué près de
l'Administration centrale.

PARIS

DEZOBRY, F^d TANDOU ET Cie, LIBR.-ÉDITEURS

Rue des Écoles, 78.

1862

A LA MÊME LIBRAIRIE :

DE L'ORGANISATION DES ÉCOLES, d'après *M. Villemereux*, inspecteur général de l'enseignement primaire, par *A. Pinet*, officier de l'instruction publique, inspecteur de l'enseignement primaire, délégué près de l'Administration centrale.

En vente :

Première partie. — **Organisation pédagogique**, 2ᵉ édition. 1 vol. in-18 jésus, br. Prix 1 50

Ouvrage couronné par la Société pour l'instruction élémentaire de Paris.

On vend séparément :

TABLEAU DE LA DISTRIBUTION DU TRAVAIL ET DU TEMPS DANS LES ÉCOLES PRIMAIRES, tiré du livre de l'*Organisation pédagogique*, par M. *A. Pinet*, in-folio, grand raisin. Prix. . . . . » 30

En préparation :

Deuxième partie. — **Organisation matérielle.**

Troisième partie. — **Organisation financière.**

PETIT LIVRE DE MAXIMES, à l'usage des écoles, en conformité de l'emploi du temps, par M. *A. Pinet*, inspecteur de l'instruction primaire, in-12. Prix. br. . . . . » 15

GÉOGRAPHIE DES ÉCOLES PRIMAIRES. 1 vol. in-18, cart. » 60

HISTOIRE SAINTE d'après Lhomond et les Saintes Écritures; par M. *Villemereux*, inspecteur général adjoint de l'instruction primaire. 1 vol. in-18. Prix, cart. . . . . » 40

Coulommiers. — Imp. A. MOUSSIN.

PRÉFACE.

Nous avons dit bien des fois à nos collaborateurs dans des conférences où chacun apportait le tribut de son expérience : « Dans l'étude de chaque chose, ayez toujours l'œil fixé sur l'époque probable où vos élèves devront vous quitter. Ce moment sera le grand régulateur des développements à donner à votre enseignement... C'est ainsi que vous ne tarderez pas à vous apercevoir que celui de la géographie devra se borner à des notions tout à fait générales sur les cinq parties du monde, et même sur l'Europe, et que ce n'est que sur le département et sur la France que vous devez vous étendre...

Par ses Géographies départementales, M. Pinet a mis les instituteurs à même de réaliser une partie de ce programme. Il présente aujourd'hui au public un ouvrage qui complète les premiers, une Géographie détaillée de la France, avec des notions succinctes sur l'Europe et sur les autres parties du monde. Si d'une part l'auteur a laissé de côté des nomenclatures arides dont sont ordinairement hérissées ces sortes d'ouvrages, d'un autre côté il nous paraît ne rien avoir omis d'essentiel, et tout enfant qui possédera bien son petit livre aura des notions suffisantes sur son pays, ses principales industries, son organisation civile, politique, religieuse et administrative. Après la France, l'Europe est naturellement celle des parties du monde qui occupe la plus grande place. Les détails se restreignent ensuite de plus en plus à mesure que le cercle des connaissances s'étend, et que les limites du temps que l'enfant peut y consacrer deviennent au contraire plus étroites.

Ce plan est donc tout à fait conforme à la nouvelle méthode généralement adoptée pour l'enseignement de la Géographie, et qui consiste à remonter du particulier au général, de l'analyse à la synthèse; à familiariser d'abord l'élève avec les dénominations données aux divers accidents physiques du globe, à lui faire connaître à fond son pays, et à ne lui laisser aborder l'étude des autres parties du monde qu'autant que le permet le temps qu'il doit consacrer à son instruction.

Dans des conditions si propres à le faire apprécier, nous ne doutons pas que le livre de M. Pinet ne soit accueilli avec une faveur toute particulière par les maîtres et par les élèves.

F. BROZARD.

Paris, le 10 mai 1862.

ENSEIGNEMENT DE LA GÉOGRAPHIE.

« Si vous enseignez la Géographie, que ce soit d'abord celle
« de votre département, puis celle de la France, ensuite celle
« de l'Europe. Vous n'expliquerez les quatre autres parties
« du monde que s'il vous en reste le temps ; et, si vous le fai-
« tes, vous parlerez de l'Asie et de l'Afrique pour mieux ex-
« poser l'Histoire sainte, et de l'Amérique pour mieux faire
« comprendre l'heureuse diffusion de la foi chrétienne. »

(Matter, L'Instituteur primaire, chap. xvi, p. 145.)

La Géographie doit être la base de l'enseignement historique ; elle
permettra, jusqu'à un certain point, l'enseignement intuitif de l'histoire, et les yeux viendront en aide aux oreilles de la manière la
plus heureuse pour fixer dans la mémoire les quelques notions qu'il
s'agit de donner aux enfants.

L'enseignement de la Géographie doit nécessairement précéder celui de l'Histoire, au moins pour familiariser les élèves avec les défi-
nitions qu'elle nécessite et le sens qu'ils doivent attacher aux lignes et
conventions diverses, tracées sur les cartes.

Le début naturel et par là éminemment rationnel et logique dans
l'enseignement de la Géographie, c'est la représentation du plan géo-
métrique de la classe dûment oriente. De la classe on passe à la représentation du bâtiment de l'Ecole et de toutes ses dépendances,
puis aux positions relatives de l'Eglise et de l'Ecole, de la mare,
sinon de la rivière, de toutes les rues du village, de la situation des
maisons principales, de celles qui offrent aux enfants le plus d'intérêt.

Quand le plan de la commune est tracé avec toutes les circonstances
de routes, de ruisseaux, de tous les accidents de terrain, on mettra
sous les yeux la carte du canton, puis celle de l'arrondissement, celle
du département, et enfin on arrive à la carte de France, où l'Ecole
ne figure plus que par le chef-lieu départemental ; mais l'enfant sait
y retrouver sa place avec la vivacité d'un intérêt tout personnel.

On peut alors aborder les cartes générales des diverses parties du
monde et faire connaître à l'enfant leur situation respective sur la
mappemonde, en suivant l'ordre de circonférences d'un rayon toujours croissant, mais dont le centre commun ne cesse pas d'être celui
de la patrie.

Pour l'enseignement de la Géographie par une pareille méthode,
le livre le plus convenable sera celui où cet ordre même aura été
suivi, où le département tiendra la première et la plus grande place,
et où tout le reste ne sera que l'accessoire nécessaire à l'intelligence
parfaite de l'importance relative du département et de la France
dans le monde entier.

L'Instituteur primaire, publié sous la direc
tion de M. Villemereux, par MM. A. Pinet,
Brouard et Mettas.

C'est ce plan que nous avons suivi dans notre Géographie des écoles
primaires.

GÉOGRAPHIE

DES

ÉCOLES PRIMAIRES

NOTIONS PRÉLIMINAIRES

I

Terre. — La terre est le globe que nous habitons.

Forme et pôles de la terre. — Elle a la forme d'une boule légèrement aplatie vers deux points opposés que l'on appelle les deux *pôles*.

Mouvement de la terre. — La terre tourne sur elle-même en 24 heures autour d'une ligne imaginaire qui la traverse, appelée *axe*, et ce mouvement produit le *jour* et la *nuit*; elle tourne autour du soleil dans l'espace d'environ 365 jours, et cette révolution produit l'*année*.

Terre et eau. — La surface du globe terrestre est partagée inégalement en terre et en eau. L'eau en occupe à peu près les trois quarts.

Division des terres. — Les différentes parties de terre prennent le nom de *continent*, d'*île*, de *presqu'île*, de *cap*, d'*isthme*, de *montagne*, etc.

Continent. — Un continent est une vaste surface de terres qui tiennent ensemble et que l'on peut parcourir sans traverser la mer. Il y a trois continents :

1° L'*ancien continent*, formé par l'Europe, l'Asie et l'Afrique ;

2° Le *nouveau continent*, formé par l'Amérique ;

3° Le *monde maritime*, formé par la Nouvelle-Hollande.

Ile, archipel, presqu'île, isthme. — Une *île* est une

terre entourée d'eau de tous côtés. Une grande réunion d'îles forme un *archipel;* une *presqu'île* ou *péninsule* ne tient au continent que par un de ses côtés ou seulement par une petite langue de terre appelée *isthme.*

Côte, cap, promontoire, pointe. — Une *côte* est une portion de terre baignée par la mer ; un *cap* est une portion de côte qui fait saillie dans la mer ; on l'appelle *promontoire,* quand il est élevé ; *pointe,* quand il est aigu et bas.

Montagnes, chaînes. — On appelle *montagnes* ou *monts* des masses considérables de terre qui s'élèvent au-dessus de la surface du globe et offrent une pente plus ou moins sensible. On donne le nom de *chaîne* à une suite de montagnes qui se tiennent.

Pic ou *puy, volcan.* — Une montagne qui se termine en forme de pointe s'appelle *pic* ou *puy.* Un *volcan* est une montagne qui vomit des flammes et des matières calcinées.

Vallée, gorge, défilé. — On appelle *vallée* un enfoncement d'une certaine étendue formé par l'écartement de deux montagnes ou chaînes de montagnes ; une *gorge* est une partie de vallée très-étroite ; un *défilé* est un passage étroit entre deux montagnes et la mer.

Plaines, déserts, oasis. — On nomme *plaine* une grande étendue de terre dont la surface est horizontale, unie ou légèrement ondulée.

Les *déserts* sont de vastes solitudes, inhabitées et stériles, au milieu desquelles se trouvent parfois de rares espaces de terre, arrosés par des sources, présentant une certaine végétation et nommés *oasis.*

Division des eaux. — Les différentes parties d'eau prennent le nom d'*océan,* de *mer,* de *golfe,* de *détroit,* de *lac,* de *fleuve,* etc.

Océan ou *mer.* — On appelle *océan* ou *mer* cette immense étendue d'eau salée qui environne la terre et se subdivise en deux grandes parties : *Océan Atlantique* et *Grand Océan.*

Mer méditerranée, golfe, baie, anse, rade, port, havre. — Une mer *méditerranée* ou *intérieure* est une portion considérable de l'Océan qui pénètre fort avant dans les terres et en est presque entièrement environnée ; un *golfe* est un enfoncement moins considérable et plus couvert ; une *baie* ou une *anse* est un petit golfe ; une *rade*, un endroit où les vaisseaux peuvent jeter l'ancre et sont à l'abri ; un *port*, une petite rade disposée ordinairement par la main des hommes ; un *havre* est un petit port.

Détroit. — On nomme *détroit*, et, dans certains cas, *pas, canal, phare*, une partie de mer resserrée entre deux terres, et qui fait communiquer ensemble deux mers ou deux portions de mer.

Lac, étang. — Un *lac* est un amas d'eau douce entouré de tous côtés par des terres et n'ayant aucune communication immédiate avec la mer. Quand un lac est très-petit, on l'appelle *étang*.

Sources. — On nomme *source* l'origine des cours d'eau.

Rivière, fleuve. — Une *rivière* est un courant d'eau qui parcourt une étendue de terre plus ou moins considérable et se réunit à un fleuve ou à une autre rivière. Ce courant s'appelle *fleuve* s'il est important et se rend directement dans la mer.

Embouchure, confluent. — On appelle *embouchure* le point où le fleuve se jette dans la mer, et *confluent* le point où une rivière se réunit à un fleuve ou à une autre rivière.

Canal. — Un *canal* est une sorte de rivière creusée par la main des hommes pour faire communiquer des cours d'eau entre eux ou un cours d'eau avec la mer, ou même deux mers entre elles.

Bassin. — On donne le nom de *bassin* à l'ensemble de toutes les pentes d'où découlent les cours d'eau qui forment et grossissent un fleuve.

PARTIES DU MONDE. — On divise la terre en cinq parties principales qu'on appelle les cinq parties du monde, savoir : l'*Europe*, l'*Asie*, l'*Afrique*, l'*Amérique*, l'*Océanie*.

Mers. — Les mers comprennent six divisions principales :

1° L'*Océan atlantique*, entre l'Europe et l'Afrique, à l'Est, et l'Amérique, à l'Ouest.

Il forme : la mer *Baltique*, la mer d'*Allemagne*, la *Manche*, et la mer d'*Irlande*.

2° Le *Grand Océan*, nommé aussi *Océan pacifique*, entre l'Asie et l'Océanie à l'O., et l'Amérique à l'Est ; il comprend la mer de la *Chine*, la mer du *Japon*, etc.

3° L'*Océan indien*, au S. de l'Asie, forme la mer *Rouge* et la mer d'*Oman*.

4° L'*Océan glacial arctique*, au N. de l'Europe et de l'Asie, forme la mer *Blanche*.

5° L'*Océan glacial antarctique*, au S. de l'Afrique.

6° La mer *Méditerranée*, au S. de l'Europe, comprend la mer *Adriatique*, la mer *Ionienne*, l'*Archipel*, la mer de *Marmara*, la mer *Noire*, et la mer d'*Azof*.

La mer *Caspienne*, entre l'Europe et l'Asie, ne communique à aucune autre mer.

Points cardinaux. — Pour reconnaître la position relative des différentes parties du globe, c'est-à-dire pour s'orienter, on a imaginé quatre points cardinaux, ou principaux, qui sont : le *Nord*, le *Sud*. l'*Est*, l'*Ouest*.

Entre ces points cardinaux, on distingue d'autres points secondaires, savoir : le Nord-Ouest, le Nord-Est, le Sud-Ouest, le Sud-Est, etc.

Sur les cartes, le Nord est placé au haut, le Sud au bas, l'Est à droite, et l'Ouest à gauche. Pour abréger, on indique ces divers points par la première lettre de leur nom.

Questionnaire. — Qu'est-ce que la terre ? — Quelle est la forme de la terre ? — Qu'est-ce qu'on appelle les pôles de la terre ? Quels mouvements exécute la terre, 1° en 24 heures, 2° en une année ? — Comment se partage la surface du globe terrestre ? — Quels noms prennent les différentes parties de terre ? — Qu'est-ce qu'un continent ? — Par quoi est formé l'ancien continent ? — le nouveau ? — le monde maritime ? — Qu'est-ce qu'on appelle île, archipel, presqu'île, isthme, côte, cap, promontoire, pointe, montagnes ou monts, pic, puy, volcan, vallée, gorge, défilé, plaines, déserts, oasis ? — Quels noms prennent les différentes parties d'eau ? — Qu'est-ce qu'on appelle l'océan ou la mer ? — Qu'est-ce qu'une mer méditerranée, un golfe, une baie, une anse, une rade, un port, un havre, un détroit, un pas, un canal, un phare, un lac, un étang? — Qu'est-ce qu'une rivière, un fleuve? — Qu'est-ce qu'on appelle l'embouchure d'une rivière? — Qu'est-ce qu'un confluent, un canal, un bassin? —Combien y a-t-il de parties du monde? — Combien les mers contiennent-elles de divisions principales? —Où est placé l'Océan atlantique? — Quelles mers forme-t-il? — Où est placé le grand Océan? — Quelles mers forme-t-il? — l'Océan indien? — l'Océan glacial arctique? — l'Océan glacial antarctique? — la mer Méditerranée? — la mer Caspienne? — Combien y a-t-il de points cardinaux? — Qu'est-ce qu'on appelle s'orienter? — Quels sont les points cardinaux secondaires? — Où se trouvent placés les points cardinaux sur les cartes?

II

EUROPE

Population : 278,000,000 d'habitants,
Superficie : 9,875,000 kilomètres carrés.

Position. — *L'Europe*, la plus petite des cinq parties du monde, mais la plus civilisée et proportionnellement la plus peuplée, occupe tout le Nord-Ouest de l'ancien continent. Elle est bornée :

Au N., par l'Océan Glacial Arctique;

A l'O., par l'Océan Atlantique;

Au S., par la Méditerranée, la mer Noire et le Caucase.

A l'E., par la mer Caspienne, le Fleuve Oural et les monts Ourals.

Divisions. — Elle se divise aujourd'hui en 16 parties principales, savoir :

4 au N. : les Iles britanniques, la Suède et la Norvége, le Danemark, la Russie.

7 au milieu : la France, la Belgique, la Hollande, la Suisse, l'Autriche, la Prusse, la Confédération germanique.

5 au S. : le Portugal, l'Espagne, l'Italie, la Turquie, la Grèce.

Questionnaire. — Qu'est-ce que l'Europe? — Quelles sont les bornes de l'Europe? — Quelle est la population de l'Europe? — Quelles sont les divisions de l'Europe?

III

FRANCE

Population : 37,382,225 habitants.
Superficie : 542,820 kilomètres carrés.

I

Position. — La France occupe la partie occidentale du milieu de l'Europe. Sa forme présente six côtés inégaux.

Limites. — Ses limites sont : 1° au N., le Pas-de-Calais, qui la sépare de l'Angleterre, une partie de la mer du Nord, la Belgique, la Prusse et la Bavière rhénane. Entre ces trois derniers États et la France, il n'y a pas de limites naturelles ; elles sont formées par une simple ligne conventionnelle.

2° A l'E., le Rhin, le Jura, le Rhône, les Alpes.

Les pays limitrophes sont : le grand Duché de Bade, la Suisse et l'Italie.

3° Au S., la Méditerranée et les Pyrénées, qui la séparent de l'Espagne.

4° A l'O., le golfe de Gascogne, appelé aussi mer de France, qui n'est qu'une partie de l'Océan Atlantique ; la Manche.

Montagnes. — Les chaînes de montagnes de la France sont :

1° Les *Pyrénées*, entre la France et l'Espagne ;

2° Les monts de l'*Ariége*, qui partent des Pyrénées et se dirigent du S. au N., entre l'Ariége et l'Aude, jusqu'au canal du Languedoc ;

3° Les *Cévennes*, dont le point culminant est le mont *Lozère* ;

4° Le plateau de la *Côte-d'Or*, le plateau de *Langres*, les *Faucilles*. A ces dernières se rattachent : 1° les *Vosges* ; 2° les monts de l'*Argonne* et des *Ardennes* ;

5° Aux *Cévennes*, et se dirigeant vers l'O., se relient

les monts d'*Auvergne*, du *Limousin* et du *Poitou*. Les hauteurs les plus remarquables sont : le *Plomb du Cantal*, le *Mont-d'Or*, le *Puy-de-Dôme*;

6° Au plateau de la Côte-d'Or, et se dirigeant de l'E. à l'O., se rattachent les monts du *Morvan* et les monts d'*Arrée*;

7° Le *Jura*, entre la France et la Suisse.

8° Les *Alpes*.

Versants. — Ces montagnes partagent la France en trois grands versants : 1° le versant de la mer du Nord; 2° celui de l'Océan et de la Manche; 3° le versant de la Méditerranée (1).

1° VERSANT DE LA MER DU NORD. — La France n'en occupe qu'une faible partie, celle comprise entre les Faucilles, les Vosges, les monts de l'Argonne, des Ardennes et la frontière.

Il renferme le bassin du Rhin et les bassins secondaires de la Meuse et de l'Escaut.

Le *Rhin*, formé de trois branches, prend sa source dans les Alpes centrales, au mont Saint-Gothard; il arrose Coïre, traverse le lac de Constance, passe à Schaffhouse, à Bâle, tourne au N., sépare la France de l'Allemagne, passe à 2 kil. de Strasbourg, arrose Mayence, Coblentz, Cologne, pénètre en Hollande, bientôt se sépare en quatre branches et se jette dans la mer du Nord, après un cours de 1,280 kil.

En Suisse et en Allemagne, le Rhin est un torrent souvent impétueux; en France, c'est une large mare d'eau couverte d'îles boisées; en Hollande, il coule sur un terrain plat, sans pente, et ses eaux se répandent de toutes parts.

Affluents. — L'*Ill* arrose Altkirch, Mulhouse, Colmar, Strasbourg, et se perd dans le Rhin à 4 kil. de cette dernière ville. L'Ill est longé par le canal d'*Alsace*, qui joint le Rhône au Rhin.

La *Moselle* passe à Épinal, à Toul, à Metz, à Thion-

---

(1) On appelle *versant* une grande étendue de terres dans laquelle toutes les eaux qui l'arrosent coulent dans la même direction.

ville, et va se jeter dans le Rhin à Coblentz. Ses débordements sont très-fréquents. Elle reçoit, entre autres rivières, la *Meurthe*, qui arrose Saint-Dié, Lunéville et Nancy.

La *Meuse* sort du plateau de Langres, baigne Neufchâtel, Domremy, patrie de Jeanne d'Arc, Saint-Mihiel, Verdun, Sédan, Mézières, sort de la France, près de Givet, arrose Namur, entre en Hollande, et se partage en plusieurs branches dont l'une joint un bras du Rhin.

L'*Escaut* prend sa source dans le département de l'Aisne, arrose Cambrai, Valenciennes, passe près de Condé, baigne Gand, Anvers, se divise en deux branches et va se perdre dans la mer, après un cours de 340 kil.

L'Escaut communique avec l'Oise et la Somme, par le canal de Saint-Quentin.

Versant de l'Ouest. — Il est circonscrit par les Pyrénées, les monts de l'Ariége, les plateaux de la Côte-d'Or et de Langres, les monts de l'Argonne et des Ardennes.

Il renferme trois bassins principaux : 1° le bassin de la Seine ; 2° le bassin de la Loire ; 3° le bassin de la Garonne et plusieurs bassins secondaires.

1° *Bassin de la Seine.* — La Seine sort du plateau de la Côte-d'Or, arrose Bar-sur-Seine, Troyes, Nogent-sur-Seine, Montereau, où elle reçoit l'*Yonne* ; Melun, Charenton, où elle reçoit la *Marne* ; Paris, Elbeuf, Rouen, et joint la mer entre le Hâvre et Honfleur. Son cours très-sinueux, surtout au-dessous de Paris, est de 640 kil.

Affluents. — Ses affluents sont :

A droite, l'Aube, la Marne, l'Oise, grossie de l'Aisne.

A gauche, l'Yonne, le Loing, l'Eure.

L'*Aube* naît au plateau de Langres, baigne Clairvaux, Bar-sur-Aube, et passe près de Brienne où Napoléon a fait ses premières études militaires.

La *Marne* descend comme l'Aube, du plateau de Langres, arrose Chaumont, Joinville, Saint-Dizier, Vitry, Châlons, Épernay, Château-Thierry, La Ferté-sous-Jouarre, Meaux, et joint la Seine à Charenton.

L'*Oise* prend sa source sur la frontière belge (Aisne),

baigne La Fère, Compiègne, Pontoise et joint la Seine au-dessous de cette ville.

Elle reçoit l'*Aisne*, qui arrose Sainte-Ménehould, Vouziers, Réthel, Soissons, et finit près de Compiègne.

Le canal de *Picardie* ou de *Crozat* joint l'Oise à la Seine.

L'*Yonne* naît dans le département de la Nièvre, près de Château-Chinon, passe à Clamecy, à Auxerre, à Joigny, à Sens, et joint la Seine à Montereau.

Le *Loing* arrose Montargis et Nemours. Trois canaux le joignent à la Seine et à la Loire : 1° le canal de *Briare*, le plus ancien de la France, entrepris par Sully ; 2° le canal de *Montargis*, prolongement du précédent : 3° le canal d'*Orléans*.

L'*Eure* arrose Chartres et Louviers, célèbre par ses draps.

Bassins secondaires. — 1° La *Somme* baigne Saint-Quentin, Péronne, Amiens, Abbeville, et se jette dans la Manche à Saint-Valery ; 2° l'*Orne* arrose Caen et finit en face des rochers du *Calvados* (1).

Bassin de la Loire. — La *Loire* sort des Cévennes (Ardèche), coule d'abord au N.-O., baigne un grand nombre de villes importantes, notamment Roanne, Nevers, La Charité, Orléans, se dirige ensuite au S.-O., arrose Blois, Tours, Saumur, Nantes, et se jette dans la mer au-dessous de Paimbœuf. Son cours est de près de 1,000 kilom.

Les rives de la Loire sont agréables et bordées de riantes campagnes, de riches coteaux : mais ce fleuve est sujet à de fréquents débordements, et les sables qu'il charrie y rendent la navigation souvent difficile.

Affluents. — Ses principaux affluents sont :

A droite, la Nièvre, la Mayenne, grossie de la Sarthe.

A gauche, l'Allier, le Loiret, le Cher, l'Indre, la Vienne.

La *Nièvre*, rivière peu importante, joint la Loire à Nevers.

---

(1) On appelle ainsi de petits rochers sur lesquels échoua un vaisseau espagnol portant ce nom.

1.

La *Mayenne* arrose Laval, reçoit la *Sarthe*, prend le nom de *Maine*, passe à Angers, et se jette dans la Loire au-dessous de cette ville.

L'*Allier* descend du mont Lozère, traverse la fertile plaine de la Limagne, baigne Vichy, célèbre par ses eaux minérales, Moulins, et joint la Loire au-dessous de Nevers.

Le *Loiret* est une charmante petite rivière, bordée dans tout son cours de superbes maisons de campagne.

Le *Cher* naît dans le département de la Creuse, arrose Montluçon, Saint-Amand, Vierzon.

L'*Indre* baigne Châteauroux, et joint la Loire entre Tours et Saumur.

La *Vienne* passe à Limoges, à Châtellerault, célèbre par sa manufacture d'armes, se grossit de la *Creuse*, et finit près de Château-Chinon.

La *Sèvre nantaise* baigne Mortagne, Clisson, et tombe dans la Loire à Nantes.

Bassins secondaires. — 1° La *Vilaine*, qui, grossie de l'*Ille*, tombe directement dans la mer; 2° la *Sèvre niortaise*, qui arrose Niort, et se grossit de la *Vendée*.

Bassin de la Garonne. — La *Garonne* prend sa source dans les Pyrénées, au val d'Aran, passe à Toulouse, à Agen, à Marmande, reçoit la *Dordogne* au Bec-d'Ambez, après un cours de 560 kil. et forme avec elle la *Gironde*.

La Garonne communique à la Méditerranée par le canal du *Midi* ou du *Languedoc*, qui commence au-dessous de Toulouse et passe à Carcassonne.

Affluents. — Les principaux affluents de la Garonne, sont :

A droite, l'Ariége, le Tarn, grossi de l'Aveyron, le Lot, la Dordogne, grossie de la Corrèze.

A gauche, le Gers.

L'*Ariége* arrose Foix, et joint la Garonne près de Toulouse.

Le *Tarn* sort du mont Lozère, baigne Alby, Montauban, et finit près de Castel-Sarrazin, après avoir traversé une contrée fertile qu'il ravage par ses débordements. Il reçoit l'*Aveyron*, qui arrose Rhodez.

Le *Lot* a sa source dans les Cévennes, et passe à Cahors.

La *Dordogne*, formée de deux ruisseaux, la *Dore* et la *Dogne*, naît au mont d'Or et arrose Libourne. Elle reçoit la *Corrèze*, qui passe à Tulle.

Le *Gers* arrose Auch.

Bassins secondaires. — 1° La *Charente* arrose Angoulême, Cognac, Saintes et Taillebourg, célèbre par la victoire que saint Louis y remporta sur les Anglais.

2° L'*Adour* sort des Pyrénées, traverse la délicieuse vallée de Campan, baigne Bagnères, célèbre par ses eaux minérales, Tarbes, Dax, et tombe dans le golfe de Gascogne à Bayonne.

L'Adour reçoit un grand nombre de rivières qui sont de véritables torrents, entre autres le *gave de Pau et le gave d'Oléron.* (*Gave* signifie rivière dans le Béarn.)

VERSANT DE LA MÉDITERRANÉE. — Ce vaste versant, circonscrit par les Pyrénées orientales, les monts de l'Ariège, les Cévennes, les plateaux de la Côte-d'Or et de Langres, les Faucilles, le Jura et les Alpes, ne renferme qu'un seul bassin principal, celui du *Rhône*, et trois bassins secondaires, ceux de l'*Aude*, de l'*Hérault* et du *Var*.

Le *Rhône* descend du mont Furca, en Suisse, coule vers l'O., jusqu'au lac de Genève, qu'il traverse, sépare le département de la Haute-Savoie, du département de l'Ain, et ce dernier du département de l'Isère, passe à Lyon, tourne brusquement au S., arrose Vienne, Tournon, Valence, Tarascon et Beaucaire, réunis par un pont magnifique, Avignon, Arles, et se jette dans le golfe de Lyon par plusieurs embouchures, qui forment l'île de la *Camargue*, renommée par ses chevaux. Le cours du Rhône est de 800 kilomètres.

C'est le fleuve le plus impétueux de l'Europe; ses débordements sont fréquents et ses inondations fort redoutables.

Affluents. — Les principaux affluents du Rhône sont

A droite, l'Ain, la Saône, l'Ardèche, le Gard.

A gauche, l'Isère, la Drôme, la Durance.

L'*Ain* n'arrose aucun lieu remarquable.

La *Saône* prend sa source au plateau de Langres, baigne Châlon, Mâcon, Villefranche, Trévoux, et se jette dans le Rhône, à Lyon. Son cours, très-paisible et très-ent, fait contraste avec le cours du Rhône.

La Saône communique avec la Loire par le canal du *Centre*; avec la Seine, au moyen de l'Yonne, par le canal de Bourgogne; avec le Rhin, par le canal de l'Alsace.

La Saône reçoit le *Doubs* qui arrose Pontarlier et Besançon.

L'*Ardêche* joint le Rhône à Pont-Saint-Esprit.

Le *Gard*, torrent redoutable par ses débordements, passe près de Nimes, et se jette dans le Rhône à Beaucaire.

L'*Isère* naît dans le Piémont et passe à Grenoble.

La *Drôme* arrose Die.

La *Durance* sort du mont Genèvre, baigne Briançon, Embrun, Sisteron, et tombe dans le Rhône au-dessous d'Avignon.

Bassins secondaires. — 1° L'*Aude* passe à Limoux, à Carcassonne; 2° l'*Hérault* naît dans les Cévennes et n'arrose aucune ville remarquable; 3° le *Var* sort des Alpes arrose Entrevaux, et se jette dans la Méditerranée entre Antibes et Nice.

Nota. — Nous nous sommes surtout attaché dans cette longue énumération des rivières et des fleuves à indiquer ceux qui donnent leur nom à des départements.

Questionnaire. — Où est située la France? — Quelles sont les bornes de la France? — Quelle est la population de la France? — Quelle est sa superficie? — Quelles sont les principales chaînes de montagnes de la France? — En combien de versants ces montagnes partagent-elles la France? — Quel bassin renferme le versant de la mer du Nord? — Quels sont les bassins secondaires du bassin du Rhin? — Où le Rhin prend-il sa source? — Quelles contrées arrose-t-il? — Quels sont les affluents du Rhin? — Quelles contrées arrose-t-il? — la Moselle? — la Meuse? — l'Escaut? — Par quoi est circonscrit le versant de l'Ouest? — Quels bassins renferme-t-il? — Où la Seine prend-elle sa source? — Quelles contrées arrose-t-elle? — Quels sont ses affluents? — Où prennent leur source, et quels pays arrosent l'Aube, la Marne, l'Oise, l'Aisne, l'Yonne, le Loing, l'Eure? — Quelle rivière joint le canal de Picardie? — Où la Loire prend-elle sa source? — Quelles contrées arrose-t-elle? — Quels sont ses affluents? — Quelles contrées arrosent la Nièvre, la Mayenne, l'Allier, le Loiret, le Cher, l'Indre, la Vienne, la Sèvre nantaise? — Quels sont les bassins secondaires du versant de l'Ouest? — Où la Garonne prend-elle sa source? — Quelles rivières reçoit-elle? — Par quoi communique-t-elle à la Méditerranée? — Quels sont les principaux affluents de la Garonne? — Quels pays arrosent l'Ariége, le Tarn, le Lot, la Dordogne, le Gers? — Quels sont les autres bassins secondaires du versant de l'Ouest? — Quelles contrées arrosent la Charente et l'Adour? — Par quoi est circonscrit le versant de la Méditerranée? — Quel est son bassin principal? — Quels sont ses bassins secondaires? — Où le Rhône prend-il sa source? — Quels pays arrose-t-il? — Quels sont ses principaux affluents? — Où prennent leurs sources, et quelles contrées traversent la Saône, le Doubs, l'Ardèche, le Gard, l'Isère, la Drôme, la Durance? — Quels sont les bassins secondaires du versant de la Méditerranée? — Quels pays traversent l'Aude, l'Hérault, le Var?

II

Notions historiques. — La France s'appelait autrefois *Gaule*, mais elle était plus étendue que la France d'aujourd'hui. Ses limites étaient le Rhin, les Alpes, la Méditerranée, les Pyrénées et l'Océan.

Trois peuples l'habitaient primitivement: les *Belges*, au N.; les *Galls* ou *Celtes*, au milieu; les *Aquitains*, au Sud.

Plus d'un siècle avant Jésus-Christ, les Romains avaient déjà formé divers établissements dans la Gaule; le principal était *Aix*. Plus tard, sous la conduite de Jules César, ils firent la conquête de toute cette riche contrée, qui devint une province romaine.

Les Gaulois adoptèrent peu à peu la langue et les coutumes romaines, et les conquérants conservèrent la Gaule environ 450 ans.

Quand l'empire romain s'écroula, attaqué de toutes parts par les barbares, la Gaule fut envahie et trois peuples s'y établirent: les *Francs*, au N.; les Bourguignons, à l'E.; les Visigoths, au S. Nous trouvons encore de nombreuses traces de la domination romaine: des voies ou routes, des amphithéâtres, des cirques, des monuments, dont quelques-uns sont bien conservés.

Les *Francs*, peuple sorti de la Germanie, étendirent peu à peu leur puissance; commandés par Clovis, ils mirent fin à la domination romaine par la fameuse bataille de *Soissons*: ils soumirent les Bourguignons, battirent les Allemands, les Visigoths, et s'emparèrent de toute la Gaule. Mais l'unité, rêvée par Clovis, ne fut pas de longue durée, et ses États furent partagés en quatre parties sous ses fils.

1° La *Neustrie*, qui s'étendait entre la Somme, la Seine et la Loire ;

2° L'*Austrasie*, comprise entre le Rhin, la Meuse et la Moselle ;

3° L'*Aquitaine*, au sud de la Loire ;

4° La *Bourgogne*, entre la Saône, le Rhône et les Alpes.

Charlemagne réunit toute la Gaule sous sa domination, et il en étendit les limites au S. jusqu'à l'Èbre, au N. jusqu'à l'Elbe, conquit une partie de l'Italie, et presque toute l'Allemagne d'aujourd'hui.

Ses successeurs, qui n'avaient ni sa puissance ni son génie, ne purent contenir tant de peuples d'origines diverses qui se séparèrent enfin sous Charles le Gros.

La *Neustrie* et l'*Aquitaine* formèrent la *France* proprement dite ; une partie de l'Austrasie et de la Bourgogne formèrent la *Lotharingie* ou *Lorraine*.

Bientôt les *Normands*, sortis de la Suède et de la Norvège, envahirent la France et s'établirent, sous Charles le Simple, dans une partie de la Neustrie, qui fut appelée de leur nom, *Normandie*.

Ce qui a le plus contribué au renouvellement de la France, c'est le gouvernement féodal ou des seigneurs, qui finirent par se rendre indépendants de leurs souverains. Ils commandaient, dictaient des lois, faisaient battre monnaie, étaient maîtres absolus enfin dans leurs provinces.

A l'avénement de Hugues-Capet, le domaine royal ne comprenait que trois provinces : l'*Ile de France*, l'*Orléanais* et la *Picardie*. Ce prince et ses successeurs semblent avoir poursuivi un seul but, celui de faire rentrer toutes les parties de l'ancienne Gaule sous leur domination; mais il fallut du temps pour y parvenir: ils eurent à lutter contre les seigneurs quelquefois, souvent contre les rois d'Angleterre qui possédaient plusieurs provinces sur le continent, et étaient, sous ce rapport, vassaux du roi de France. La rivalité de la France et de l'Angleterre occupe une longue partie de notre histoire, et plus d'une fois notre pays a failli passer sous le joug britannique; mais, dans nos plus grands malheurs, la Providence semblait veiller sur nous.

Philippe Ier acheta le *Berry*.

Philippe-Auguste confisqua aux Anglais la *Touraine* et la *Normandie*.

Saint Louis réunit le *Maine* et le *Poitou*.

Philippe le Hardi, son fils, par son mariage avec l'héritière du *Languedoc*, ajouta cette province à ses États.

Philippe IV réunit la *Champagne* par son mariage avec la fille de Thibaut, héritière de cette province. Le *Lyonnais* se donna à la couronne.

Philippe VI hérita du *Dauphiné*.

Charles V réunit une partie du *Limousin*.

Charles VII conquit sur les Anglais la *Guyenne* et la *Gascogne*.

Louis XI s'empara de la *Marche*, de la *Bourgogne* et de la *Provence*.

François Ier y ajouta l'*Angoumois*, son apanage, le *Bourbonnais* et l'*Auvergne*, confisqués sur le connétable de Bourbon, la *Bretagne* par son mariage avec Anne de Bretagne.

Henri IV réunit le *Béarn*, la *Navarre*, le *Comté de Foix*, son patrimoine.

Louis XIII conquit l'*Alsace*, dont la possession fut légitimée par le traité de Westphalie, et la *Flandre*.

Louis XIV acquit le *Roussillon* et l'*Artois* par le traité des Pyrénées, le *Nivernais* après la mort du dernier duc, la *Franche Comté*.

Louis XV réunit la *Lorraine*.

Le *Comtat d'Avignon* se donna à la France en 1790.

La *Corse* nous appartenait depuis 1769.

Enfin, en 1789, la France était divisée en 32 *gouvernements*, *généraux ou provinces*. Chaque province avait un gouverneur particulier, des lois particulières, des libertés locales, une administration à part. C'était autant de petits États dans l'État. Au lieu de tant de gouvernements particuliers, on a voulu former de toute la France une seule et grande famille, pour ainsi dire, ayant les mêmes lois, la même administration, les mêmes libertés, les mêmes charges, les mêmes priviléges. On partagea donc la France en 83 départements qui en formèrent plus tard 86 avec le *Comtat d'Avignon*.

Sous l'empire, Napoléon Ier étendit considérablement les limites de la France, qui comptait 130 départements et il ne fallut pas moins de toute l'Europe coalisée pour nous enlever ces conquêtes.

En 1859, l'Empereur Napoléon III, après une campagne à la fois prompte et glorieuse qui délivra l'Italie du joug de l'Autriche, rendit à la France ses limites naturelles au Sud-Est : la Savoie et le comté de Nice furent réunis à l'empire. La Savoie forme deux départements ; le comté de Nice, auquel on adjoignit l'arrondissement de Grasse, détaché du Var, prit le nom de département des *Alpes Maritimes*.

La France est donc divisée aujourd'hui en 89 départements, qui ont reçu pour la plupart, les noms de montagnes, rivières, rochers, fontaines qui s'y trouvent ou des mers qui en baignent les côtes.

Les départements se divisent en *arrondissements*, les arrondissements en *cantons*, les cantons en *communes* (1).

Un département est administré par un préfet ; un arrondissement par un sous-préfet ; une commune par un maire.

Il y a, dans chaque commune un *conseil municipal* dont les membres sont nommés par les habitants de la commune ou électeurs ; dans chaque arrondissement un conseil d'arrondissement composé de membres nommés par les électeurs des communes de chaque canton ; enfin, dans chaque département, un *conseil général*, composé également de membres nommés par les électeurs des communes de chaque canton.

---

(1) On compte 373 arrondissements, 2,938 cantons, 37,510 communes.

Tableau des anciennes Provinces et des Départements qu'elles ont formés.

Nota. — Le chiffre placé après le nom de chaque province indique le nombre de départements formés par cette province.

NOMS DES PROVINCES.		NOMS DES DÉPARTEMENTS.	CHEFS-LIEUX DE PRÉFECTURE.
Flandre	1	Nord	Lille.
Artois	1	Pas-de-Calais	Arras.
Picardie	1	Somme	Amiens.
Normandie	5	Seine-Inférieure	Rouen.
		Eure	Evreux.
		Calvados	Caen.
		Manche	Saint-Lô.
		Orne	Alençon.
Ile-de-France	5	Seine	Paris.
		Seine-et-Oise	Versailles.
		Seine-et-Marne	Melun.
		Aisne	Laon.
		Oise	Beauvais.
Champagne	4	Aube	Troyes.
		Haute-Marne	Chaumont.
		Marne	Châlons.
		Ardennes	Mézières.
Lorraine	4	Meurthe	Nancy.
		Vosges	Epinal.
		Meuse	Bar-le-Duc.
		Moselle	Metz.
Alsace	2	Bas-Rhin	Strasbourg.
		Haut-Rhin	Colmar.
Franche-Comté	3	Doubs	Besançon.
		Haute-Saône	Vesoul.
		Jura	Lons-le-Saulnier.
Bourgogne	4	Côte-d'Or	Dijon.
		Yonne	Auxerre.
		Saône-et-Loire	Mâcon.
		Ain	Bourg.
Lyonnais	2	Rhône	Lyon.
		Loire	Saint-Etienne.
Dauphiné	3	Isère	Grenoble.
		Drôme	Valence.
		Hautes-Alpes	Gap.
Provence	3	Basses-Alpes	Digne.
		Var	Draguignan.
		Bouches-du-Rhône	Marseille.
Languedoc	9	Haute-Garonne	Toulouse.
		Tarn	Alby.
		Aude	Carcassonne.
		Hérault	Montpellier.

NOMS DES PROVINCES.	NOMS DES DÉPARTEMENTS.	CHEFS-LIEUX DE PRÉFECTURE.
Languedoc (Suite)..	Gard..................	Nîmes.
	Lozère................	Mende.
	Haute-Loire..........	Le Puy.
	Ardèche..............	Privas.
Roussillon...... 1	Pyrénées-Orientales	Perpignan.
Comté-de-Foix... 1	Ariège...............	Foix.
Guyenne et Gascogne......... 9	Basses-Pyrénées....	Pau.
	Gironde..............	Bordeaux.
	Dordogne............	Périgueux.
	Lot-et-Garonne....	Agen.
	Lot..................	Cahors.
	Aveyron.............	Rhodez.
	Tarn-et-Garonne...	Montauban.
	Landes..............	Mont-de-Marsan.
	Gers................	Auch.
	Hautes-Pyrénées...	Tarbes.
Aunis et Saintonge. 1	Charente-Inférieure	La Rochelle.
Angoumois........ 1	Charente............	Angoulême.
Poitou.......... 3	Vienne...............	Poitiers.
	Deux-Sèvres........	Niort.
	Vendée..............	Napoléon-Vendée.
Bretagne........ 5	Ille-et-Vilaine....	Rennes.
	Loire-Inférieure...	Nantes.
	Morbihan............	Vannes.
	Finistère...........	Quimper.
	Côtes-du-Nord.....	Saint-Brieuc.
Anjou............ 1	Maine-et-Loire....	Angers.
Maine et Perche.. 2	Sarthe..............	Le Mans.
	Mayenne.............	Laval.
Orléanais........ 3	Loiret...............	Orléans.
	Loir-et-Cher......	Blois.
	Eure-et-Loir......	Chartres.
Nivernais........ 1	Nièvre..............	Nevers.
Bourbonnais...... 1	Allier..............	Moulins.
Auvergne......... 2	Puy-de-Dôme.......	Clermont-Ferrant.
	Cantal..............	Aurillac.
Limousin......... 2	Haute-Vienne.......	Limoges.
	Corrèze.............	Tulle.
Marche........... 1	Creuse..............	Guéret.
Berry............ 2	Cher................	Bourges.
	Indre...............	Châteauroux.
Touraine......... 1	Indre-et-Loire....	Tours.
Comtat d'Avignon. 1	Vaucluse............	Avignon.
Corse............ 1	La Corse............	Ajaccio.
Savoie........... 2	Savoie..............	Chambéry.
	Haute-Savoie......	Annecy.
Comté de Nice... 1	Alpes-Maritimes....	Nice.

Division ecclésiastique. — La religion catholique est professée par la grande majorité des français. On ne compte guère que 2 millions de protestants et de juifs.

Sous le rapport ecclésiastique, la France est divisée en diocèses, administrés par un archevêque ou évêque. On compte 17 archevêchés et 69 évêchés. Il y a donc un évêché ou un archevêché dans chacun des départements, excepté dans *l'Indre* qui est réuni à l'archevêché de Bourges, dans *les Deux-Sèvres* réuni à celui de Poitiers, dans le département de la Creuse qui dépend de l'évêché de Limoges; dans celui des Ardennes, qui dépend de l'archevêché de Reims.

Pour l'administration de son diocèse, l'évêque est assisté d'un *chapitre* dont les membres sont nommés par l'empereur, et de vicaires généraux. Il y a dans chaque canton *un curé* ou doyen, nommé également par l'empereur; dans chacune des autres paroisses, un *desservant* nommé par l'évêque.

Division universitaire. — L'Université impériale de France est placée sous l'autorité du ministre de l'instruction publique assisté d'un *conseil supérieur* et d'inspecteurs généraux. Elle se divise en 17 circonscriptions ou *académies*, administrées par un *recteur*, secondé par un conseil académique et par des inspecteurs.

Il y a par département, un inspecteur d'académie chargé sous l'autorité du recteur, de tout ce qui est relatif à l'instruction *secondaire*, et, sous l'autorité du préfet, de tout ce qui concerne le service de l'instruction *primaire*. Il existe auprès du préfet et de l'inspecteur d'académie, un conseil départemental.

La surveillance de l'instruction primaire est spécialement confiée dans chaque arrondissement à un inspecteur primaire placé sous l'autorité de l'inspecteur d'académie.

Les chefs-lieux des 17 académies sont :

1. Paris.	4. Bordeaux.	7. Dijon.
2. Aix.	5. Caen.	8. Douai.
3. Besançon.	6. Clermont.	9. Grenoble.

10. Lyon.
11. Montpellier.
12. Nancy.

13. Poitiers.
14. Rennes.
15. Strasbourg.

16. Toulouse.
17. Chambéry.

Division judiciaire. — Il y a dans chaque canton une *justice de paix*, et dans chaque arrondissement un tribunal de *première instance*. Au-dessus des tribunaux de première instance se trouvent les cours *impériales* ou *cours d'appel* au nombre de 28 dont les siéges sont établis dans les villes ci-après.

1. Agen.
2. Aix.
3. Amiens.
4. Angers.
5. Bastia.
6. Besançon.
7. Bordeaux.
8. Bourges.
9. Caen.
10. Chambéry.

11. Colmar.
12. Dijon.
13. Douai.
14. Grenoble.
15. Limoges.
16. Lyon.
17. Metz.
18. Montpellier.
19. Nancy.
20. Nîmes.

21. Orléans.
22. Paris.
23. Pau.
24. Poitiers.
25. Rennes.
26. Riom.
27. Rouen.
28. Toulouse.

Dans chaque chef-lieu de département, il existe une *cour d'assises* présidée par un conseiller de la cour impériale du ressort, désigné par le ministre de la justice, assisté de *jurés* désignés par le sort.

Dans les villes importantes il existe des *tribunaux de commerce* composés de négociants notables.

Enfin, au sommet de l'échelle hiérarchique, la *cour de cassation* dont le siége est à Paris.

Division militaire. — La France, sous le rapport de l'administration militaire, se divise en *6 grandes circonscriptions* ou *grands commandements*, confiés à des *maréchaux de France*, et qui comprennent 22 *divisions militaires*, sous l'autorité d'un général de division ; chaque division est partagée en *subdivisions* au nombre de 89 (une par département) sous les ordres d'un général de brigade.

Les siéges des 6 commandements sont : Paris, Lille, Nancy, Lyon, Tours et Toulouse.

Les chefs-lieux des 22 divisions militaires sont :

1. Paris.	9. Marseille.	17. Bastia.
2. Rouen.	10. Montpellier.	18. Tours.
3. Lille.	11. Perpignan.	19. Bourges.
4. Chàlons-s-Marne.	12. Toulouse.	20. Clermont.
5. Metz.	13. Bayonne.	21. Limoges.
6. Strasbourg.	14. Bordeaux.	22. Grenoble.
7. Besançon.	15. Nantes.	
8. Lyon.	16. Rennes.	

Division maritime. — Les côtes de France sont partagées en 5 arrondissements maritimes sous l'autorité d'un préfet et dont les chefs-lieux sont placés dans les 5 grands ports de mer :

Cherbourg, Brest, Lorient, Rochefort, Toulon.

Les arrondissements maritimes se divisent en 15 quartiers.

Pour *la marine marchande*, on compte 15 ports principaux :

Dunkerque, Calais, Boulogne, Dieppe, le Hâvre, Saint-Malô, Nantes, Les Sables-d'Olonne, La Rochelle, Bordeaux, Bayonne, Cette, Marseille, Antibes et Nice.

Division financière. — L'administration financière comprend plusieurs services dépendants du ministère des finances : l'administration de l'enregistrement et des domaines, celle des postes, celle des douanes, celle des forêts, celle des contributions directes, celle des contributions indirectes et de grands établissements de crédit : la banque de France, la caisse d'amortissement, la caisse des dépôts et consignations, le crédit foncier, les caisses d'épargnes, la caisse des retraites pour la vieillesse.

Il y a dans chaque département une *recette générale,* dans chaque arrondissement une *recette particulière,* dans chaque canton une ou plusieurs *perceptions.*

Service télégraphique. — La télégraphie électrique, cette merveilleuse application de l'électricité, a été mise en usage pour la première fois en France, en 1841. Depuis lors, grâce à l'ingénieux système de M. Foy et à l'habileté de M. Breguet, elle est arrivée à un degré de perfection qu'il paraît difficile de dépasser. De nombreux fils de fer, ayant tous les points de départ au ministère de l'Intérieur, à Paris, sillonnent en tous sens nos routes, nos campagnes, nos cités, et servent de conducteurs à l'agent mystérieux qui vient annoncer aux provinces, avec la rapidité de l'éclair, les nouvelles de la capitale.

Le service télégraphique forme une direction qui ressortit au ministère de l'Intérieur.

Le service des ponts et chaussées, qui dépend du ministère des Travaux publics, est placé dans chaque département sous la direction d'un *ingénieur en chef* qui a sous ses ordres des *ingénieurs ordinaires* placés dans chaque arrondissement et des *conducteurs*. Ces fonctionnaires relèvent de *16 inspecteurs divisionnaires*.

Les agents voyers sont sous l'autorité des préfets.

Le service des mines dépend aussi du ministère des Travaux publics ; il est confié à 5 inspecteurs généraux, et à 20 ingénieurs en chef.

Service des eaux et forêts. — La France est divisée en 32 circonscriptions appelées *conservations forestières*, à la tête desquelles sont placés des *conservateurs* qui ont sous leurs ordres des inspecteurs, des gardes généraux, des gardes à cheval et des gardes à pied.

Écoles spéciales du gouvernement. — Outre ses nombreux établissements d'instruction primaire, ses lycées et collèges, ses Facultés des lettres, des sciences, de médecine, de théologie, etc., la France possède des écoles spéciales pour la préparation aux divers services publics. Nous citerons :

L'*École normale supérieure* qui forme des professeurs pour les lycées.

L'*École polytechnique* qui prépare des ingénieurs pour les mines, les ponts-et-chaussées, l'administration des tabacs, les lignes télégraphiques, des officiers pour l'état-major de l'armée, le génie et l'artillerie ; l'*École spéciale militaire de Saint-Cyr*, destinée à former des officiers pour l'infanterie et la cavalerie ; l'*École centrale des arts et manufactures*, qui forme des ingénieurs, des directeurs d'usines et de manufactures ; l'*École forestière*, qui forme des *gardes généraux*, des inspecteurs et des conservateurs des eaux et forêts.

Les Écoles impériales d'agriculture de Grignon (Seine-et-Oise), de Grand-Jouan (Loire-Inférieure), de la Saulsaie (Ain). Elles sont destinées à former des agriculteurs éclairés, des cultivateurs praticiens et habiles.

Les écoles vétérinaires d'Alfort, de *Lyon* et de *Toulouse.*

Les écoles impériales d'arts et métiers au nombre de 3, établies à *Châlons-sur-Marne*, à *Angers*, et à *Aix*. Elles ont pour but de former des sujets qui joignent à la pratique des arts mécaniques, l'instruction nécessaire pour les exercer avec succès.

Outre les voies ferrées qui ont pris depuis 10 ans, un développement considérable, la France possède des routes impériales et départementales admirablement entretenues ; des chemins vicinaux de grande, de moyenne et de petite communication la sillonnent dans tous les sens.

Chemins de fer. — Les principales lignes des chemins de fer en France partent de Paris, et sont dirigées :

1. Sur la frontière belge, *Nord*, par Lille, Valenciennes ;

2. Sur la frontière d'Angleterre, *Nord-Ouest*, par plusieurs points du littoral de la Manche ; la ligne du Nord sur Calais et Boulogne, les lignes sur Rouen et Dieppe, la ligne de Bretagne ;

3. Sur la frontière d'Allemagne, *Est*, par Nancy et Strasbourg ;

4. Sur la Méditerranée et l'Italie, *Sud*, par Lyon, Marseille et Cette ;

5. Sur la frontière d'Espagne, *Sud-Ouest*, par Tours, Poitiers, Bordeaux et Bayonne ;

6. Sur l'Océan, *Ouest*, par Tours et Nantes ;

7. Sur le centre de la France, par Bourges et Clermont.

Deux autres lignes servent à relier :

1. La Méditerranée au Rhin, par Lyon, Dijon et Mulhouse ;

2. L'Océan à la Méditerranée, par Bordeaux, Toulouse et Marseille.

Indépendamment de ces grandes lignes, il en existe beaucoup d'autres moins considérables qui parcouren la France presque en tous sens.

Climat, productions. — Le sol de la France, favorisé par la douceur du climat, arrosé par un grand nombre de fleuves et de rivières, est généralement très-fertile, surtout vers le nord. Ses productions, dans les trois règnes de la nature, sont aussi abondantes que variées.

1. *Règne animal.* — La France possède une grande quantité d'animaux domestiques, tels que *bœufs, chevaux, mulets, moutons, chèvres, porcs,* etc., dont les races s'améliorent comme la culture agricole.

Parmi les animaux sauvages, on distingue l'*ours,* le *loup,* le *renard,* le *chat sauvage,* le *sanglier,* le *cerf,* le *chevreuil,* le *daim,* le *lièvre,* le *lapin,* l'*écureuil.*

On trouve en France un grand nombre d'oiseaux; les plus connus sont : le *vautour,* l'*aigle,* le *faucon,* la *perdrix,* la *caille,* l'*alouette,* etc.; des *poissons* de mer et de rivière en abondance, ainsi que des *homards,* des *huîtres,* des *moules* et d'autres coquillages; enfin, parmi les insectes, les *abeilles* et les *vers-à-soie,* etc.;

2. *Règne végétal.* — Les productions du règne végétal ne sont ni moins riches ni moins variées. Elles consistent en arbres *forestiers* et en arbres *fruitiers;* en *vignes,* qui donnent des vins excellents dont les plus renommés sont ceux de Champagne, de Bordeaux et de Bourgogne; en céréales de toutes espèces, en plantes oléagineuses, etc..

3. *Règne minéral.* — Enfin, pour ce qui est du *règne minéral,* on trouve dans les Alpes, les Pyrénées, les Vosges et quelques chaînes de montagne, le *granit,* le *marbre,* le *porphyre,* le *cristal;* en un mot, tous les rochers qu'on emploie dans les arts et qui servent à l'érection de nos monuments ou à l'ornement de nos habitations.

Les mines métalliques les plus importantes sont celles de *fer,* de *cuivre,* de *plomb,* d'*antimoine* et de *manganèse;* nous avons encore d'autres substances minérales non métalliques, telles que la houille, la tourbe, l'alun, le bitume, le sel gemme, le sel marin, etc.

Industrie et commerce. — Les progrès de l'industrie ont été très-rapides et presque merveilleux en France depuis un demi-siècle. Les principales usines et manufactures sont : les fonderies, les usines pour la fabrication des machines à vapeur, les forges, les manufactures d'armes, de quincaillerie, d'horlogerie, de bronze et d'orfévrerie, de verre, de poterie, de porcelaine, de cristaux et de glaces, les fabriques de produits chimiques, les teintureries, les papeteries, les imprimeries, les manufactures de soieries, de toiles, de dentelle, de draps, d'étoffes, de cotons et de tapis, etc.

Le commerce de la France est immense. Les principaux objets d'exportation sont les vins, les eaux-de-vie, les grains, les étoffes de laine et de soie, les articles de bonneterie, la tapisserie, le papier, les livres, l'horlogerie, la bijouterie et toutes sortes d'objets de modes et de goût.

Questionnaire. — Comment s'appelait autrefois la France ? — Quelles étaient les bornes de l'ancienne Gaule ? — Quels peuples l'habitaient primitivement ? — Quels peuples conquirent successivement la Gaule ? — En combien de parties fut divisé le royaume de Clovis ? — Quelles furent les bornes de l'empire de Charlemagne ? — De quelle province se forma la France ? — D'où venaient les Normands ? — Sous quel roi occupèrent-ils la Normandie ? — Qu'est-ce qu'on appelle le gouvernement féodal ? — De quoi se composait le domaine royal à l'avènement de Hugues-Capet ? — Comment les successeurs de Hugues-Capet réunirent-ils peu à peu les provinces qui formèrent le royaume de France ? — Par quels rois furent réunis à la couronne le Berry ? la Touraine et la Normandie ? le Maine et le Poitou ? le Languedoc ? la Champagne ? le Lyonnais ? le Dauphiné ? le Limousin ? la Guyenne et la Gascogne ? la Marche, la Bourgogne et la Provence ? l'Angoumois, le Bourbonnais et l'Auvergne ? la Bretagne ? le Béarn, la Navarre, le comté de Foix ? l'Alsace et la Flandre ? le Roussillon et l'Artois ? le Nivernais, la Franche-Comté ? la Lorraine ? — A quelle époque le comtat d'Avignon se donna-t-il à la France ? — Depuis quelle époque nous appartient la Corse ? — En combien de provinces se divisait la France avant 1789 ? — En combien de départements fut-elle divisée à cette époque ? — Combien de départements forma-t-elle sous Napoléon 1er ? — De quels départements s'augmenta la France en 1860 ? — A la suite de quels événements ? — D'où la plupart des départements tirent-ils leur nom ? — Comment se divise et comment est administré un département ? — Quels départements a formés la Flandre ? l'Artois ? etc., etc. — Quelle est la religion professée par la majorité des Français ? Qu'est-ce qu'un diocèse? — Comment est administré un diocèse? — Combien y a-t-il de diocèses en France? — Quelles sont les divisions universitaires de la France? — judiciaires? — militaires? — maritimes? — financières? — du service télégraphique? — Quelles sont les diverses écoles d'application qui existent en France? — Quelles sont les principales voies ferrées? — Quel est le climat de la France? — Quelles sont les principales productions de la France dans le règne animal? — végétal? — minéral? — En quoi consistent surtout le commerce et l'industrie de la France?

DESCRIPTION DE LA FRANCE PAR PROVINCES.

I. — RÉGION DU NORD.

Flandre française (1 département).

NORD, *chef-lieu* **Lille.**

7 arrondissements. — 60 cantons. — 660 communes.
Population : 1,303,380 habitants.

Le département du Nord est, après celui de la Seine, le plus peuplé de l'Empire ; comme il en est le plus riche, par son industrie, son commerce, son agriculture. On y trouve des mines de fer, de houille, de tourbe ; des carrières de marbre, de pierres, etc. Il renferme un grand nombre d'usines, de manufactures, de fabriques. Le sol produit en abondance toutes les céréales, des légumes, du lin, du chanvre, du tabac, des plantes oléagineuses, du bois. On y trouve d'excellents pâturages.

Lille, sur la Deule et le canal de la Sensée, est située au milieu d'une plaine spacieuse. Ville très-forte, grand centre industriel et commerçant. Grand nombre de filatures de lin, de laine, des fabriques de toile, de tissus, d'huiles de colza, etc. — Hôtel des Monnaies (marque W) ; 123,438 hab.

Douai, place forte, possède une célèbre fonderie de canons, une école d'artillerie, etc.; 19,314 hab.

Dunkerque, bon port, patrie du fameux Jean Bart ; 28,053 hab.

Cambrai, sur l'Escaut, archevêché illustré par Féne-
lon ; 19,973 hab.

Valenciennes, surtout renommée pour ses dentelles ;
22,455 hab.

Hazebrouch, Avesnes, Roubaix, 48,961 hab., et Tur-
coing, 27,615 hab., sont très-importantes par leurs fabriques d'étoffes de laine et de coton.

Artois (1 département).

PAS-DE-CALAIS, *chef-lieu* Arras.

6 arrondissements. — 43 cantons. — 903 communes.
Population : 724,338 habitants.

Le département du *Pas-de-Calais*, chef-lieu *Arras*
tire son nom du détroit qui sépare la France de l'Angleterre. Le sol est généralement fertile en céréales, pommes de terre, betteraves, houblon, lin, etc. Il y a des
prairies et de nombreux pâturages. On y élève des chevaux estimés. L'industrie est très-développée. — Exploitation de fer, de houille, de tourbe, de marbre et de grès.

Arras, sur la Scarpe, ville forte, surtout célèbre par
le traité de 1435, entre Charles VII et Philippe le Bon,
duc de Bourgogne ; 21,116 hab.

Boulogne, port très-fréquenté, sur la Manche ; 35,349 h.

Béthune, Montreuil, Saint-Omer, Saint-Pol.

Calais, place forte, le passage le plus court de France
en Angleterre ; elle soutint un siége mémorable, en 1357,
contre Édouard III, roi d'Angleterre ; 11,444 hab.

Picardie (1 département).

LA SOMME, *chef-lieu* Amiens.

5 arrondissements. — 41 cantons. — 832 communes.
Population : 572,846 habitants.

Le département de la *Somme* présente un sol généralement riche qui produit des céréales, des plantes oléagineuses, du houblon, des prairies naturelles et artifi-

cielles. Dans quelques parties marécageuses, on extrait de la tourbe. L'industrie y est très-active; elle consiste surtout dans la fabrication de tissus de laine, de soie, de velours, de coton, etc. On y élève des chevaux, des abeilles. Pêche abondante dans toutes les rivières et sur les côtes.

Amiens, l'une des villes les plus manufacturières de France, a une magnifique cathédrale; patrie de Pierre l'Ermite, le principal auteur des Croisades; 54,535 hab.

Abbeville, importante par sa fabrication de draps, toiles, etc.; 18,526 hab.

Montdidier, patrie du célèbre agronome Parmentier, qui a propagé en France la culture de la pomme de terre; 3,981 hab.

Péronne, ville très-forte, sur la Somme; 3,939 hab.

Doullens, Ham, avec un château-fort très-remarquable; 4,282 hab.

Normandie (5 départements).

1. SEINE-INFÉRIEURE, *chef-lieu* Rouen.

5 arrondissements. — 50 cantons. — 759 communes.
Population : 789,988 habitants.

Le département de la *Seine-Inférieure* est un des plus importants et des plus riches de la France, par les productions du sol, le développement de l'industrie, l'activité du commerce.

Productions : céréales, plantes textiles et oléagineuses, houblon, etc. Prairies. Élève de bestiaux et particulièrement de chevaux, de vaches laitières, de moutons et de porcs. L'industrie consiste dans la fabrication d'étoffes, de drap, de laine, de coton, de rouennerie, etc.

Rouen, sur la Seine, ville très-industrieuse et très-commerçante qui occupe en France le premier rang pour la fabrication des indiennes et des tissus de coton dits rouenneries; 94,679 hab.

Le Havre, port de mer de premier ordre, à l'embouchure de la Seine, fait un commerce immense; 70,851 h.

Dieppe, renommée pour ses bains de mer ; 18,299 h. *Neufchâtel*, *Yvetot*, Elbeuf, célèbre par ses manufactures de draps ; 19,998 hab.

2. EURE, *chef-lieu* **Évreux.**

5 arrondissements. — 36 cantons. — 700 communes.
Population : 398,661 habitants.

Le sol de ce département est très-fertile, en céréales, légumes, plantes oléagineuses, arbres et fruits, prairies naturelles et artificielles. Bois et magnifiques forêts. On élève des chevaux très-estimés, des bêtes bovines et ovines, des volailles. L'industrie est très-active ; elle consiste dans la fabrication de draps renommés, dits de *Louviers*, de toiles, d'indienne, de cotonnades, etc. Il y a des fonderies de cuivre, dont la principale est celle de Romilly, des filatures de soie, huileries, teintureries, etc.

Évreux, très-commerçante en grains ; 10,907 hab.
Louviers, renommé pour ses draps fins ; 10,704 hab.
Les Andelys, Pont-Audemer, Bernay.

3. CALVADOS, *chef-lieu* **Caen.**

6 arrondissements. — 37 cantons. — 767 communes.
Population : 480,992 habitants.

Ce département est ainsi appelé à cause de petits rochers qui se trouvent le long de ses côtes et sur lesquels échoua, en 1588, un vaisseau espagnol de ce nom.

Pays riche par les produits du sol qui consistent en céréales de toute espèce, plantes oléagineuses et fourragères, prairies naturelles et artificielles, fruits à cidre, etc. On élève des bestiaux : vaches laitières, chevaux dits *Normands*, volaille. — Industrie : manufactures de toile, de blondes, de dentelles, exploitation de carrières de granit.

Le beurre d'*Issigny* est très-renommé et est l'objet d'un commerce étendu.

Caen, très-commerçante en bestiaux et chevaux renommés ; patrie de Malherbe ; 37,723 hab., chef-lieu d'une académie.

Falaise, célèbre par la foire de Guibray, l'un de ses

faubourgs ; patrie de Guillaume-le-Conquérant ; 8,543 h.

Bayeux, ville manufacturière et commerçante ; 8,996 hab. Siège d'un évêché.

Lisieux, renommée pour ses toiles ; 12,843 hab.
Vire, Pont-l'Évêque.

4. ORNE, *chef-lieu* Alençon.

4 arrondissements. — 36 cantons. — 512 communes.
Population : 423,250 habitants.

Ce département, traversé par la chaîne de coteaux qui sépare le bassin de la Seine du bassin de la Loire, est riche par ses productions agricoles et industrielles. Le sol fournit en abondance, des céréales, des plantes oléagineuses, des prairies artificielles, des fruits à cidre, des bois. On élève des bestiaux et spécialement des chevaux, des vaches laitières, des bœufs et des moutons, de la volaille.

Industrie : manufactures de dentelles dites *points d'Alençon*, de mousselines, d'aiguilles, d'épingles, etc. Usines à fer, à forges. — Eaux minérales. Exploitation de carrières de fer, de granit et de pierres de taille.

Alençon, sur la Sarthe, surtout célèbre pour ses belles et riches dentelles dites *points d'Alençon*; 14,609 hab.

Argentan, Mortagne, Domfront, Vimoutiers, centre de la fabrication des toiles de cretonne.

5. MANCHE, *chef-lieu* Saint-Lô.

6 arrondissements. — 48 cantons. — 644 communes.
Population : 591,421 habitants.

Ce département est assez accidenté. Le sol, parfaitement cultivé, produit en abondance des céréales de toute espèce, des légumes, du chanvre, du lin, des pommes de terre, des fruits à cidre, des prairies naturelles et artificielles. On y élève un grand nombre de bestiaux et surtout des chevaux, de la volaille.

On exploite des mines de fer et de plomb ; des carrières de granit, de marbre, d'ardoise, de houille, etc.

Fabriques d'étoffes de fil, de blondes, de dentelles; tissage du lin et du crin.

Le produit de la pêche est l'objet d'un grand commerce.

Saint-Lô, avec de bonnes fabriques de draps fins; 8,757 hab.

Cherbourg, ville forte et excellent port de guerre, arsenal maritime, sur la Manche; 28,870 hab.

Avranches, importante par ses fabriques de dentelles et de bougies.

Coutances, siége d'un évêché, *Mortain, Valognes, Grandville*, port sur la Manche, fait des armements considérables pour la pêche de la morue et de la baleine: 13,472 hab.

Ile-de-France (5 départements).

1. SEINE, *chef-lieu* Paris.

8 arrondissements. — 28 cantons. — 70 communes.
Population : 1,953,660 habitants.

Le département de la *Seine* est le centre d'un commerce considérable d'industries aussi variées qu'importantes, d'une activité prodigieuse.

Le sol produit des céréales, des légumes qui alimentent les marchés de Paris; on y trouve des bois, des vignes qui ne donnent qu'un vin médiocre.

Paris, la capitale de toute la France et la deuxième ville de l'Europe par sa richesse et par sa population. C'est le centre de la civilisation, des sciences, des lettres et des beaux-arts; patrie de Boileau, de Condé, de Molière, etc.; 1,643,917 hab.

Saint-Denis, surtout célèbre par sa basilique, admirable édifice gothique qui renferme les tombeaux des rois de France; 18,051 hab.

Sceaux, renommée par ses grands marchés de bestiaux; 2.158 hab.

2. SEINE-ET-OISE, *chef-lieu* Versailles.

6 arrondissements. — 36 cantons. — 684 communes.
Population : 513,073 habitants.

Le département de *Seine-et-Oise* entoure le département de la Seine. La culture y est très-avancée. Le sol, assez accidenté, produit en abondance des céréales de toute espèce, des légumes pour l'approvisionnement de Paris, des bois et des forêts. On y trouve des étangs et des lacs poissonneux. — Il y a des eaux minérales très-fréquentées à Enghien.

Le commerce est très-actif, l'industrie très-développée. — Filatures de coton, de laine, bonneteries. — Pierres lithographiques.

Versailles, très-jolie ville bâtie par Louis XIV, surtout célèbre par son magnifique palais, autrefois résidence de la cour, aujourd'hui transformé en musée historique impérial; 32,514 hab.

Corbeil, sur la Seine, très-commerçante en grains et en farines; 5,065 hab.

Mantes, Etampes, Pontoise, Rambouillet, auprès de la forêt de ce nom.

Saint Cloud, remarquable par son château impérial et son parc. — *Sèvres,* possède la célèbre manufacture de porcelaine de ce nom.

Saint-Cyr, village où est établie l'École militaire destinée à former des officiers pour la cavalerie, l'infanterie et l'état-major.

3. SEINE-ET-MARNE, *chef-lieu* **Melun.**

5 arrondissements. — 29 cantons. — 527 communes.
Population : 352,312 habitants.

Le département de *Seine-et-Marne,* formé de la Brie, du Gâtinais et d'une partie de la Champagne, est riche par ses productions agricoles : céréales, pommes de terre, prairies naturelles et artificielles, légumes, plantes oléagineuses, fruits, vins. On y trouve beaucoup de bois, des forêts, entre autres celles de Fontainebleau, de Crécy, de Valence. — On élève des bestiaux : vaches laitières, moutons. Les fromages de Brie ont une réputation méritée.

Exploitation de carrières de grès, de pierres de taille, de pierres meulières excellentes, de plâtre près de Bussières et de Meaux.

Industrie. — Quelques fabriques de fils, de tissus, de laine et de coton. Faïenceries, verreries, papeteries, etc.

Melun, sur la Seine, très-commerçante en grains; patrie d'Amyot; 7,897 hab.

Fontainebleau, au milieu d'une vaste forêt, possède un superbe château; 9,189 hab.

Meaux, sur la Marne, siége d'un évêché illustré par Bossuet; 8,804 hab.

Coulommiers et *Provins* font un grand commerce de grains.

Montereau célèbre par la victoire remportée par l'empereur Napoléon Ier sur les alliés, en 1814.

4. OISE, *chef-lieu* **Beauvais**.

4 arrondissements. — 35 cantons. — 700 communes.
Population : 401,417 habitants.

Le département de l'*Oise*, arrosé par l'Oise, l'Ourcq, l'Aisne, l'Epte, le Thérain, est un pays fertile en céréales, prairies naturelles et artificielles, fruits, légumes, betteraves, vins médiocres, bois.— On élève du gros bétail, des abeilles, de la volaille. — Exploitation de pierres dites de *Saint-Leu*, de grès, de marbre, tourbières. — Industrie : fabriques de tapis, de draps.

Beauvais, ville importante, soutint un siége célèbre en 1472, contre Charles le Téméraire; les femmes s'y distinguèrent sous la conduite de Jeanne Hachette; 13,263 h.

Compiègne, sur l'Oise, avec un beau château impérial et près d'une superbe forêt; 9,931 hab.

Senlis, *Clermont*, Chantilly, célèbre par son château et son parc.

5. AISNE, *chef-lieu* **Laon**.

5 arondissements. — 37 cantons. — 836 communes.
Population : 164,597 habitants.

Le département de l'*Aisne* est très-accidenté. Le sol produit des céréales en abondance, surtout dans le riche pays appelé le Soissonnais, des prairies, des légumes, des fruits, du vin, du chanvre, du lin, culture du houblon, et des bois en grande quantité. L'industrie est très-active : verrerie à *Follembray;* manufacture de glaces de Saint-Gobain. — Fabriques de sucre de betteraves, de toiles, de tissus de coton, de batistes, de dentelles, etc.

Laon, ville forte au sommet d'une montagne, a soutenu plusieurs siéges célèbres; 8,300 hab.

Saint-Quentin, sur la Somme, ville très-industrieuse, a de nombreuses fabriques de tissus; 29,762 hab.

Soissons, sur l'Aisne, ville très-ancienne, renommée pour ses haricots; 8,667 hab. Siége d'un évêché.

Château-Thierry, sur la Marne, patrie du bon Lafontaine; 5,761 hab.

Verrins, Saint-Gobain possède une importante manufacture de glaces; la Ferté-Milon, patrie de Racine.

Champagne (4 départements).

1. ARDENNES, *chef-lieu* Mézières.

5 arrondissements. — 31 cantons. — 473 communes.
Population : 329,111 habitants.

Le département des *Ardennes* doit son nom à la forêt qui couvre une partie de son territoire. C'est un pays entrecoupé de côteaux, de montagnes peu élevées qui séparent le bassin du Rhin de celui de la Seine. Le sol fertile dans le sud est aride dans le nord. Les bois occupent environ un cinquième du territoire. Elève de chevaux dits *Ardennais*, de moutons. Carrières d'ardoises, de marbre. — Industrie : fabriques de draps, de lainages, de pipes, de céruse. — Clouterie, quincaillerie, etc.

Mézières, ville forte, sur la Meuse, assiégée par Charles-Quint, en 1521, et défendue avec succès par le brave Bayard; 4,265 hab.

Sedan, célèbre par ses manufactures de draps; patrie de Turenne; 13,861 hab.

Rocroy, ville forte, surtout fameuse par la victoire que le grand Condé y remporta sur les Espagnols le 19 mai 1643.

Réthel, sur l'Aisne, très-industrieuse; 7,027 hab.

Vouziers, Charleville, en face de Mézières; très-commerçante; 9,415 hab., a une manufacture d'armes à feu.

2. MARNE, *chef-lieu* **Châlons.**

5 arrondissements. — 32 cantons. — 667 communes.
Population : — 385,498 habitants.

Le département de la *Marne* renferme des côteaux couverts de riches vignobles, des plaines très-productives, mais aussi de vastes étendues de terrain crayeux et aride. Il produit des céréales en abondance, des fruits, des légumes, des prairies naturelles et artificielles, des bois; des vins très-renommés qui sont l'objet d'un commerce considérable. — Élève de moutons, de volaille, d'abeilles. — **Carrières** de pierres meulières, de marbre, de grès, etc. — Fabriques importantes de laine, biscuits, etc.

Châlons-sur-Marne a une école impériale des arts et métiers et fait un grand commerce de vins dits *vins de Champagne*; 14,786 hab.

Sermaines, possède des eaux minérales.

Reims, grande et très-ancienne ville, renferme des monuments superbes et fait un immense commerce de vins de Champagne et de tissus de toutes espèces; patrie de Colbert; 52,304 hab. Siége d'un archevêché duquel dépendent le département des Ardennes et l'arrondissement de Reims.

Epernay, dans une position admirable, sur la Marne, est entourée des côteaux qui produisent les meilleurs vins de Champagne; 10,393 hab.

Vitry; 7,263 hab.; *Sainte-Ménéhould*, Ay, renommée pour son excellent vin mousseux.

L'empereur Napoléon III a établi un camp près de Châlons, à Mourmelon.

Montmirail, Vauchamps, où les alliés furent battus par l'empereur Napoléon Ier, en 1814.

3. HAUTE-MARNE, *chef-lieu* **Chaumont.**

3 arrondissements. — 28 cantons. — 550 communes.
Population : 254,413 habitants.

Le sol de ce département est très-accidenté ; il renferme le plateau de *Langres* un des plus élevés de la France. Il produit des céréales, des pâturages, des légumes, des plantes oléagineuses, des vins ; de magnifiques forêts occupent une grande partie du territoire. On élève des bestiaux surtout des moutons, des volailles, des abeilles.

Ce département est riche par ses mines de fer qui alimentent un grand nombre d'usines, des fabriques de coutellerie. — Les eaux thermales de *Bourbonne* sont très-renommées et très-fréquentées.

Chaumont, sur un plateau élevé, avec quelques fabriques de bas et de gants ; 6,607 hab.

Langres, ville très-ancienne, surtout renommée pour la coutellerie ; 5,748 hab. Siége d'un évêché.

Vassy, Saint-Dizier, sur la Marne, a des forges et des fonderies très-importantes ; 2,779 hab.

4. AUBE, *chef-lieu* **Troyes.**

5 arrondissements. — 26 cantons. — 446 communes.
Population : 262,785 habitants.

Ce département, comme celui de la Marne, dont il est limitrophe, présente des plaines crayeuses et arides, surtout dans la partie nord ; au sud et à l'est, le sol est fertile.

Productions : céréales en abondance, bois, vins dont quelques-uns sont très-estimés.

Élève de bestiaux et d'abeilles. Le miel est l'objet d'un commerce assez étendu.

Industrie : filatures de laine et de coton, bonneteries, draperies, tanneries, tuileries, etc.

Troyes, ancienne capitale de la Champagne, a de nombreuses manufactures de toile et de bonneterie ; patrie du pape Urbain IV ; 33,200 hab.

Arcis-sur-Aube, Bar-sur-Aube, Bar-sur-Seine, Nogent-sur-Seine.

Lorraine (4 départements).

1. MEUSE, *chef-lieu* **Bar-le-Duc.**

4 arrondissements. — 28 cantons. — 587 communes.
Population : 305,540 habitants.

Le département de la *Meuse* présente un sol très-accidenté. Il produit des céréales en abondance, des fruits, des légumes, du chanvre, du lin, des plantes oléagineuses, des vignes. Il y a de belles prairies, beaucoup de bois et de forêts.

Elève de bétail. — Mines de fer. — Carrières de pierres à chaux, à bâtir.

Industrie : usines de fer, verreries, bonneteries, fabriques de dentelles, boissellerie, fabrication de paniers, fabrication de confitures dites de *Bar*, d'anis, de dragées de Verdun.

Bar-le-Duc, ville industrieuse, surtout renommée pour ses confitures de groseilles; 14,053 hab.

Verdun, place forte, sur la Meuse, célèbre par ses dragées et ses liqueurs; 10,096 hab.

Montmédy, Commercy.

2. MOSELLE, *chef-lieu* **Metz.**

4 arrondissements. — 27 cantons. — 629 communes.
Population : 446,457 habitants.

Ce département est riche par ses productions agricoles, minérales et industrielles. Il produit des céréales, des fruits, des plantes oléagineuses, des vignes qui donnent des vins ordinaires, beaucoup de bois. — Il possède des mines de fer et de houille, des salines, des carrières de pierres de taille, de pierres à chaux, de plâtre, de grès.

Industrie : confiseries, distilleries, poteries, faïenceries; — fabriques de drap, de toiles; — papeteries; — usines de fer; — forges. — Elève de porcs et d'abeilles.

Metz, ville très-forte, avec un arsenal d'artillerie, sur la Moselle, est manufacturière et très-commerçante ; elle a une école d'application de l'artillerie et du génie; 44,559 h.

Thionville, ville forte; 5,610 hab.

Sarreguemines, avec d'importantes fabriques de faïence ; 5,149 hab.
Briey.

3. MEURTHE, *chef-lieu* Nancy.

5 arrondissements. — 29 cantons. — 714 communes.
Population : 428,643 habitants.

Le département de la *Meurthe* est traversé par la chaîne des Vosges. Le sol, très-fertile, produit des céréales, des pommes de terre, des betteraves, des fruits, des légumes, du lin, du chanvre, des vignes qui donnent des vins de qualité commune, beaucoup de bois.

Il y a des étangs dont quelques-uns sont très-importants. Élève de bestiaux et surtout de moutons et de chevaux.

Exploitation considérable de sel gemme, mines de fer, carrières d'albâtre, de marbre, de pierres lithographiques, de pierres de taille.

L'industrie est très-active et très-variée.

Broderies dites de *Nancy*, confiserie, charcuterie, — cartes à jouer, — papeteries, — la soude est l'objet d'un grand commerce.

Nancy, ancienne capitale de la Lorraine, ville très-jolie et très-commerçante, possède une école forestière ; patrie du brave général Drouot ; 44,984 hab.

Lunéville, sur la Meurthe, ville industrieuse ; 12,419 h.

Château-Salins, avec d'importantes verreries.

Toul, ville forte ; 6,757 hab.

Sarrebourg.

4. VOSGES, *chef-lieu* Épinal.

5 arrondissements. — 30 cantons. — 548 communes.
Population : 415,485 habitants.

Ce département occupé par la chaîne des Vosges, est très-accidenté. Il présente des vallées fertiles, des coteaux dont le sommet est couvert de bois, des vignes qui donnent un vin ordinaire.

Productions : céréales, pommes de terre, houblon, quantité considérable de fruits à noyau.

Mines de fer, de plomb, de cuivre, de houille, tourbières, carrières de marbre.

Eaux minérales très-renommées à Plombières, à Contrexéville et à Bains.

Industrie très-développée : fabriques de dentelles, de broderies, filatures de coton, papeteries, imageries, boissellerie, fabriques d'instruments de musique.

Épinal, sur la Moselle, a de bonnes fabriques de papeterie et de faïencerie ; 11,105 hab.

Mirecourt, renommée pour ses fabriques d'instruments de musique ; 5,444 hab.

Neufchâteau, Remiremont, Saint-Dié ; 9,226 hab.

Plombières, célèbre par ses eaux minérales ; 1,500 h.

II. — RÉGION DE L'EST.

Alsace (2 départements).

1. BAS-RHIN, *chef-lieu* Strasbourg.

4. arrondissements. — 33 cantons. — 542 communes.
Population : 577,574 habitants.

Pays très-riche par ses productions agricoles, son industrie, son commerce. Le sol, fertile et bien cultivé, produit des céréales de toute espèce, des plantes oléagineuses, du chanvre, du lin, des pommes de terre de la garance, du houblon et du tabac. On trouve des vignes, des bois et des forêts.

Mines de fer, — de houille, — tourbières. — Carrières d'ardoises, d'ocre.

Industrie. — Fabriques de draps, de toiles, de tissus de coton, travail des métaux. — Élève de chevaux et de porcs.

Strasbourg, ancienne capitale de l'Alsace, tout près du Rhin, fait un commerce immense ; sa cathédrale est un des plus beaux monuments gothiques de l'Europe ; 68,034 hab.

Saverne, avec des fabriques importantes de quincaillerie ; 5,295 hab.

Wissembourg et *Schélestadt* ; 9,414 hab., villes fortes ; *Haguenau*, surtout remarquable par ses nombreuses filatures de coton ; 9,639 hab.

2. HAUT-RHIN, *chef-lieu* **Colmar.**

3 arrondissements. — 30 cantons. — 490 communes.
Population : 315,802 habitants.

Pays riche par ses productions agricoles et minérales, par l'activité de son industrie et de son commerce.

Le sol fertile et bien cultivé, produit des céréales, des pommes de terre, des légumes, des vignes qui donnent des vins estimés.— Il y a des bois et des forêts. — Elève de bestiaux et surtout de moutons.

Mines de fer, de houille, — carrières de plâtre, de grès, — tourbières.

Manufactures les plus importantes de France.

Colmar, ville très-manufacturière ; 20,349 hab.

Belfort et *Altkirch*, places fortes.

Mulhouse, centre de la fabrication des toiles de coton et des toiles peintes d'Alsace ; 43,669 hab.

Franche-Comté (3 départements).

1. HAUTE-SAONE, *chef-lieu* **Vesoul.**

3 arrondissements. — 28 cantons. — 583 communes.
Population : 317,483 habitants.

Pays très-accidenté. Il présente des plaines fertiles, des vallées, de riches prairies, des coteaux couverts de bois et de vignes. Le sol produit des céréales, des pommes de terre, du chanvre, du lin, des fruits à noyau.

Les vignes donnent des vins ordinaires.

On élève beaucoup de bestiaux.

Mines de fer, de manganèse, — houillères, tourbières, — carrières de granit, de pierres de taille, — salines, — eaux thermales.

Fabriques de tissus de toile, de coton, usines de fer, verreries, faïenceries, — distilleries, — eau-de-vie, — kirsch.

Commerce considérable de bois.

Vesoul, centre et dépôt des produits d'un grand nombre de forges ; 6,158 hab.

Gray, renommée pour son commerce de grains et farines ; 6,285 hab.

Lure, avec un grand nombre d'usines ; 3,450 hab.

2. DOUBS, *chef-lieu* **Besançon.**

4 arrondissements. — 27 cantons. — 639 communes.
Population : 296,280 habitants.

Pays montagneux. Le sol est assez fertile dans les plaines et dans les vallées, produit des céréales, des légumes, des fruits ; excellents pâturages. — Bois et forêts. — Vignes dont les vins sont assez estimés.

Élève de bestiaux et particulièrement de chevaux.

On trouve dans le département des sources d'eau salée, des mines de fer.

Industrie : filatures, horlogeries, tanneries très-importantes, usines de fer, distilleries.

Fabrication d'un fromage estimé.

Besançon, ancienne capitale de la Franche-Comté, ville forte et très-commerçante ; son horlogerie est renommée ; 39,103 hab.

Montbéliard, patrie du célèbre naturaliste Cuvier : 6,255 hab.

Pontarlier, entrepôt du commerce entre la France et la Suisse ; 4,950 hab.

Baume-les-Dames, sur le Doubs ; 2,551 hab.

3. JURA, *chef-lieu* **Lons-le-Saulnier.**

4 arrondissements. — 32 cantons. — 583 communes.
Population : 298,053 habitants.

Le département est en grande partie couvert par les monts du Jura. On y remarque beaucoup de bois, des forêts, des lacs et des étangs, des riches pâturages, des vallées et des plaines fertiles ; des coteaux couverts de vignes qui donnent des vins renommés.

Le sol produit des céréales, des pommes de terre, du maïs, du lin, du chanvre.

Salines, — mines de fer, carrières de marbre, d'albâtre, — tourbières.

L'industrie est très-active : usines de fer, horlogerie, — fabrication de fromage.

Élève de bestiaux : chevaux, mulets, moutons, beaucoup de volailles et d'abeilles.

Lons-le-Saulnier, surtout intéressante par ses salines et ses tanneries ; 8,703 hab.

Dôle, sur le Doubs, avec d'importantes fabriques de produits chimiques ; 9,130 hab.

Saint-Claude, célèbre par son immense fabrication d'ouvrages de toutes espèce en corne, écaille, buis, os, ivoire : 6,250 hab. Siége d'un évêché.

Poligny, fait un grand commerce de bestiaux et de grains ; 5,223 hab.

Bourgogne (4 départements).

1. COTE-D'OR, *chef-lieu* Dijon.

4 arrondissements. — 36 cantons. — 717 communes.
Population : 384,140 habitants.

Le département de la *Côte-d'Or*, qui doit son nom à la chaîne de montagnes qui le traverse du Sud au Nord, est un pays riche par les productions du sol : plaines fertiles en céréales, chanvre, lin, plantes oléagineuses, vignobles qui donnent des vins très-renommés, bois et forêts.

Mines de fer exploitées.

On élève des bœufs, des moutons et des chevaux.

Industrie : usines de fer, faïenceries et poteries.

Commerce important de vins.

Dijon, jolie ville, ancienne capitale de la province,

fait un grand commerce de vins, fruits, blé, etc.; patrie de Bossuet; 33,920 hab.

Beaune, surtout renommée pour ses vins; 10,485 h. L'arrondissement de Beaune fournit les vins si recherchés de Chambertin, Nuits, Pomard, Clos-Vougeot, Volnay, Romanée et Saint-Georges, etc.

Châtillon-sur-Seine, *Semur*, Montbard, patrie du Buffon.

2. YONNE, *chef-lieu* **Auxerre.**

5 arrondissements. — 37 cantons. — 483 communes.
Population : 370,305 habitants.

Le département de l'*Yonne* est arrosé par un grand nombre de cours d'eau et traversé par les canaux de Bourgogne et du Nivernais; on y remarque de nombreux étangs. C'est un pays très-boisé qui offre des plaines dont quelques-unes sont très-fertiles, d'autres presque arides.

Le sol produit des céréales, des vignes, dont les vins ont une réputation méritée.

Mines de fer, — carrières de pierres meulières, de grès, de pierres lithographiques.

Industrie : fabriques de lainages, — hauts-fourneaux, — papeteries, verreries, tonnellerie.

Elève de bestiaux et surtout de moutons.

Auxerre, sur l'Yonne, importante par son commerce de vins et de bois : 13,248 hab.

Sens, ville très-ancienne, avec une superbe cathédrale. 10,346 hab. Siége d'un archevéché.

Joigny, dans une position charmante, au milieu de vignobles renommés; 5,738 hab.

Tonnerre, *Avallon*.

3. SAONE-ET-LOIRE, *chef-lieu* **Mâcon.**

5 arrondissements. — 48 cantons. — 583 communes.
Population : 582,137 habitants.

Ce département est montagneux : les monts du Charollais et de la Côte-d'Or le traversent. Le sol fournit en abondance des céréales, du chanvre, des fruits, des vins excellents, — de bons pâturages dans lesquels on élève de nombreux bestiaux.

Mines de fer, de manganèse, de bitume. — Carrières de marbre, — houillères. — Sources d'eaux minérales et thermales.

Industrie : fabriques de toile, horlogerie, verreries,— usines de fer.

Mâcon, sur la Saône, fait un commerce considérable de vins de Bourgogne ; 16,038 hab.

Autun, ville très-ancienne, autrefois fort importante, renferme de nombreuses antiquités romaines ; 11,232 h. Siége d'un évêché.

Châlon-sur-Saône, entrepôt considérable ; 18,593 h.

Charolles, *Louhans*, Le Creuzot a de riches mines de houille, des forges et des fonderies célèbres ; 16,094 h.

4. AIN, *chef-lieu* **Bourg.**

5 arrondissements. — 35 cantons. — 450 communes.
Population : 369,767 habitants.

Pays montagneux. On y trouve de nombreux étangs très-poissonneux, — des bois, des vignes, des terres labourables qui produisent des céréales, — des prairies. — On élève des bestiaux. — Commerce de poissons, de fromages.

Industrie : fabriques de draps, d'étoffes de laine, de coton, faïenceries.

Bourg, ville très-commerçante en grains ; 10,930 h.

Belley, célèbre par ses pierres lithographiques. Siége d'un évêché.

Nantua, très-industrieuse.

Gex, *Trévoux*.

Lyonnais (2 départements).

1. RHONE, *chef-lieu* **Lyon.**

2 arrondissements. — 27 cantons. — 258 communes.
Population : 662,493 habitants.

Ce département est un des plus importants de l'empire

par sa population, ses richesses territoriales, l'activité de son industrie et de son commerce. Le sol produit des céréales, des pommes de terre, des châtaignes, des marrons, des vins, des bois.

Mines de cuivre et de houille.

Industrie : fabriques de soie très-importantes, de mousselines brodées, de cotonnades.

Charcuterie, — brasseries.

Les fromages du mont Dor sont estimés.

Lyon, au confluent du Rhône et de la Saône, la deuxième ville de France par sa population, son industrie et son commerce. Elle fait un commerce immense de commission et de banque, et ses soieries sont les plus renommées de l'Europe ; 318,803 hab.

Villefranche, Tarare, avec d'importantes fabriques de mousselines.

2. LOIRE, *chef-lieu* **Saint-Étienne.**

3 arrondissements. — 30 cantons. — 320 communes,
Population : 517,603 habitants.

Le département de la *Loire*, coupé par les Cévennes et les monts du Forez, est un pays très-accidenté. On y trouve beaucoup de bois, d'importantes forêts de pins, de sapins et de hêtre, essences qui fournissent de la résine et du goudron qui sont l'objet d'un grand commerce. Le sol produit peu de céréales, des vignes, des arbres fruitiers, des plantes oléagineuses, du safran, du pastel, de la garance ; le mûrier y est cultivé avec succès.

Mines de fer, de plomb, de houille ; — carrières de marbre, de pierres.

Industrie très-active : manufactures d'armes, fabriques d'étoffes et de rubans, de tissus de toile, de coton, de mousseline, — papeteries, — construction de bateaux.

Saint-Étienne, centre d'une immense fabrication d'armes, de quincaillerie et de rubans, possède une célèbre école des mines ; 89,032 hab.

Montbrison, peu importante ; 6,218 hab.

Roanne, ville très-commerçante et très-industrieuse : 47,000 hab.

III. — RÉGION DU CENTRE.

Auvergne (2 départements).

1. PUY-DE-DÔME, *chef-lieu* Clermont-Ferrand.

5 arrondissements. — 50 cantons. — 443 communes.
Population : 576,409 habitants.

Le département du *Puy-de-Dôme*, est un pays très-montagneux qui renferme des volcans éteints. Les sommets les plus élevés sont le Puy-de-Dôme, le Pic de Sancy. Il renferme d'importantes richesses minérales, des vignes, des bois, d'excellents pâturages qui nourrissent de nombreux bestiaux et particulièrement des bœufs et des chevaux. La plaine de la *Limagne* est un des pays les plus fertiles de la France.

Productions agricoles : céréales, chanvre, pommes de terre, fruits.

Mines de houille, de plomb, carrières de granit, — eaux minérales, — sources pétrifiantes.

Industrie : pâtes d'abricots, fromages, — fabriques de toiles, de dentelles, de blondes, — coutellerie, — papeteries.

Clermont-Ferrand, délicieusement située entre le Puy-de-Dôme et la belle et fertile Limagne, centre d'un grand commerce intérieur ; patrie de Pascal; 34,427 h.

Riom, très-jolie ville, aux portes de Clermont; le brave général Desaix est né dans les environs; 9,372 hab.

Thiers, renommée pour sa coutellerie et sa quincaillerie; 15,838 hab.

Issoire, dans la partie la plus riante de la Limagne, fait un bon commerce de chanvre, d'huile, etc.: 5,885 h.

Ambert, Aigueperse, patrie du chancelier de l'Hôpital et du poète Delille; 7,374 hab.

2. CANTAL, *chef-lieu* Aurillac.

4 arrondissements. — 23 cantons. — 259 communes.
Population : 240,528 habitants.

Le département du *Cantal* est couvert de montagnes dont quelques-unes très-élevées sont couvertes de neige une grande partie de l'année. On rencontre beaucoup de bois, des vallées bien cultivées et fertiles ; le sol produit des céréales, des pommes de terre, des châtaignes ; il y a quelques vignes, d'excellents pâturages qui nourrissent de nombreux bestiaux et principalement des chevaux.

L'industrie est peu développée : cuirs, chaudronnerie. — fromages d'Auvergne.

Nombreuses sources d'eaux minérales.

Aurillac, ville commerçante, surtout en chaudronnerie et bestiaux : patrie du savant Gerbert (le pape Sylvestre II) ; 9,831 hab.

Saint-Flour, ville fort ancienne, bâtie sur une masse de rochers basaltiques, a quelques fabriques d'excellente colle forte et fait un grand commerce de bestiaux ; 4,818 hab. Siége d'un évêché.

Murat et *Mauriac*, surtout importantes par leur commerce de fromages et de bestiaux.

Limousin (2 départements).

1. CORRÈZE, *chef-lieu* Tulle.

3 arrondissements. — 29 cantons. — 286 communes.
Population : 310,103 habitants.

Pays de montagnes. Le sol généralement peu fertile, produit peu de céréales, des pommes de terre, des truffes, des fruits, des légumes, des noix, des châtaignes, — il y a quelques vignes et beaucoup de bois.

On élève de nombreux bestiaux : bœufs, chevaux, ânes, mulets, abeilles.

Industrie : fabriques de dentelles, usines à fer, papeteries, verreries.

Tulle possède une grande manufacture d'armes et de nombreuses fabriques de dentelles renommées, connues sous le nom de *tulles ;* 12,245 hab.

Brives-la-Gaillarde, célèbre par ses truffes ; 9,473 h.

Ussel, 3,778 hab.

2. HAUTE-VIENNE, *chef-lieu* **Limoges.**

4 arrondissements. — 27 cantons. — 200 communes
Population : 319,595 habitants.

Ce département, traversé par les monts d'Auvergne, est très-accidenté. Il renferme un grand nombre d'étangs. Le sol est généralement peu fertile en céréales. On y récolte des vins, des pommes de terre, des fruits et des légumes, des noix, des châtaignes, du chanvre.

On trouve quelques richesses minérales : mines de fer, de plomb, d'antimoine, d'étain ; carrières de granit, de marbre gris.

Industrie : fabriques de drap, d'étoffes de laine, de porcelaine, — papeteries.

Elève de bestiaux et spécialement d'excellents chevaux, de mulets, d'ânes, de moutons et de porcs.

Limoges, ville très-ancienne et très-commerçante ; 46,089 hab.

Saint-Yrieix, avec des fabriques de faïence et de porcelaine renommées ; 7,544 hab.

Bellac, Rochechouard, Saint-Léonard, très-importante par ses papeteries.

Marche (1 département).

CREUSE, *chef-lieu* **Guéret.**

4 arrondissements. — 25 cantons. — 261 communes.
Population : 270,055 habitants.

Ce pays est montagneux. Le sol est généralement peu fertile, il produit peu de céréales, des fruits, des châtaignes ; quelques pâturages, des bois, très-peu de vignes. — Elève de bestiaux et d'abeilles.

L'industrie est peu active.

On remarque de célèbres manufactures de tapis d'Aubusson de Felletin et quelques petites industries locales sans importance.

Guéret, assez jolie petite ville ; 4,462 hab.

Aubusson, surtout célèbre par sa belle manufacture de tapis ; 5,912 hab.

Bourganeuf, Boussac.

Bourbonnais. (1 département)

ALLIER *chef-lieu* Moulins.

4 arrondissements. — 26 cantons. — 317 communes.
Population : 356,432 habitants.

Ce département est arrosé par plusieurs cours d'eaux assez importants au nombre desquels on peut citer la Loire et l'Allier ; il est traversé par 2 canaux, celui du Berri et le canal latéral à la Loire. C'est un pays riche par ses productions minérales et ses eaux thermales qui sont très-recherchées, entre autres celles de Vichy, de Néris, de Bourbon l'Archambault et de Chambon.

Le sol produit des céréales, des prairies et des pâturages, des bois qui sont l'objet d'un grand commerce. des vignes.

Mines de fer, de houille, carrières de pierres.

Industrie : forges, bonneteries, chapelleries, poteries. fabriques de faïence.

Moulins, sur l'Allier, ville commerçante ; patrie des maréchaux de Villars et de Berwick ; 15,918 hab.

Gannat, La Palisse, Montluçon, 15,640 hab.

Vichy et *Néris,* remarquables par leurs eaux minérales très-fréquentées.

Nivernais (1 département).

NIÈVRE, *chef-lieu* Nevers.

4 arrondissements. — 25 cantons, — 314 communes.
Population : 332,814 habitants.

Ce département est traversé par les monts du Morvan. C'est un pays généralement peu fertile, cependant il produit des céréales en quantité suffisante pour la consommation, du chanvre, beaucoup de pâturages et de bois, des vignes. — Élève de chevaux et d'abeilles.

Mines de fer, de houille, — carrières de marbre, de pierres de taille, de grès.

L'industrie métallurgique est très-active, forges, fonderies, usines de fer.

Manufactures de toile, — faïenceries dont les produits sont très-estimés, — poteries.

Exploitation considérable de bois et de charbon.

Nevers, ville très-ancienne et commerçante ; 17,249 h.

Château-Chinon et *Clamecy*, font un grand commerce de bois et de charbon.

Cosne, sur la Loire, entrepôt de fers des forges environnantes ; 6,272 hab.

Berry (2 départements).

1. CHER, *chef-lieu* Bourges.

3 arrondissements. — 29 cantons. — 290 communes.
Population : 323,393 habitants

Ce département, dont le sol est peu fertile, produit des céréales, du chanvre excellent, des vins, des bois et des pâturages.

On trouve des mines de fer, des carrières de pierres de taille et de pierres lithographiques.

Industrie : fabriques de drap, de lainages ; — manufactures de porcelaine, — poteries, — nombreuses usines à fer.

On élève des bestiaux et surtout des moutons.

Bourges, la ville la plus centrale de la France, possède une cathédrale magnifique; patrie de Jacques Cœur, financier fameux par ses richesses et par son patriotisme, sous Charles VIII, et de Bourdaloue, l'un de nos plus grands orateurs chrétiens; 24,118 hab.

Sancerre, au milieu de riches vignobles.

Saint-Amand, sur le Cher.

Vierzon, avec des forges et des fonderies considérables; 12,531 hab.

2. INDRE, *chef-lieu* **Châteauroux.**

4 arrondissements. — 23 cantons. — 245 communes.
Population : 270,054 habitants.

Ce département se divise en 3 parties : la *Brenne*, contrée peu productive, renferme un grand nombre de marécages et d'étangs; le *Boischaud*, pays très-boisé ; la *Champagne*.

Les productions consistent en céréales, vignes, pâturages, bois.

Mines de fer, de plomb, carrières de pierres.

Elève de bestiaux, principalement de moutons, de porcs, de volailles.

Fabriques de drap, de lainage.

Usines à fer. — Manufacture de tabacs à Châteauroux.

Châteauroux, sur l'Indre, a des manufactures importantes de drap, une manufacture impériale de tabacs; patrie du général Bertrand, compagnon d'exil de Napoléon; 14,868 hab.

Le Blanc, sur la Creuse.

Issoudun, avec des fabriques importantes de draps; 13,323 hab.

La Châtre fait un bon commerce de laines.

Touraine (1 département).

INDRE-ET-LOIRE, *chef-lieu* **Tours.**

3 arrondissements. — 24 cantons. — 281 communes.
Population : 323,572 habitants.

La Touraine, que l'on a surnommée le *Jardin de la*

France, est un pays très-fertile, excepté dans la partie Nord. Le sol produit des céréales, des vins, des fruits, des légumes, du chanvre, des plantes oléagineuses. On y trouve beaucoup de bois, d'excellentes prairies, de bons pâturages, — de nombreuses pépinières.

Mines de fer, — carrières de pierres, — fabriques de draps, de tapis, de soieries; — tanneries.— Préparation de fruits secs et surtout de pruneaux.

Tours, sur la Loire, capitale de l'ancienne Touraine, surnommée le *Jardin de la France*, possède de nombreuses fabriques d'étoffes de soie et fait un excellent commerce de pruneaux et d'autres fruits secs; magnifique cathédrale ; 36,141 hab.

Chinon; Loches. jolie petite ville sur l'Indre.

Amboise a un château célèbre qu'habitèrent plusieurs rois de France.

Orléanais (3 départements).

1. LOIR-ET-CHER, *chef-lieu* Blois.

3 arrondissements. — 24 cantons. — 298 communes.
Population : 269,029 habitants.

Le sol de ce département, excepté dans la partie appelée *Sologne*, est très-fertile et bien cultivé. Il produit en abondance des céréales de toute espèce, des vins dont quelques-uns sont recherchés, du chanvre, des fruits, des légumes ; d'excellentes prairies. Le huitième du département est occupé par des bois et des forêts. — Carrières importantes de pierres à fusil et de pierres à bâtir.

Fabriques de draps, de lainages et de verre.

Blois, sur la Loire, possède un ancien château auquel se rattachent de nombreux souvenirs historiques; 16,414 h.

Romorantin, au milieu d'une contrée presque stérile, la *Sologne*; 7,572 hab.

Vendôme, sur le Loir ; 7,980 hab.

2. LOIRET, *chef-lieu* **Orléans.**

4 arrondissements. — 31 cantons. — 349 communes.
Population : 352,757 habitants.

Le département du *Loiret*, composé du *Val* de la Loire, de la Beauce, du Gâtinais et de la Sologne, est, sauf dans cette dernière partie un pays très-riche par ses productions agricoles, par son industrie et son commerce.

Le sol produit en abondance des céréales de toute espèce, des fruits, des légumes, du chanvre, des vins dont quelques-uns sont très-recherchés, du safran, très-estimé. On élève des bestiaux et des abeilles.

Fabrique de tissus de coton, de calottes pour l'Orient, de lainages, de couvertures importantes de laines, — nombreuses vinaigreries, — poteries, — tanneries.

Orléans, sur la Loire, grande et belle ville, célèbre dans l'histoire par le fameux siége qu'elle soutint contre les Anglais et que Jeanne D'arc fit lever en 1428; 45,594 h.

Pithiviers, Gien et *Montargis* font un bon commerce de laines, grains et safran.

Beaugency, sur la Loire, surtout renommée pour ses vins. Commerce de blé.

3. EURE-ET-LOIR, *chef-lieu* **Chartres.**

4 arrondissements. — 24 cantons. — 426 communes.
Population : 290,455 habitants.

Le département d'*Eure-et-Loir* est en grande partie occupé par la *Beauce*, que sa fertilité a fait surnommer le *Grenier de la France*. Le sol produit des céréales de toute espèce, des légumes, des fruits à cidre, des vins, du chanvre, du lin, des plantes oléagineuses, des fourrages. Elève de bestiaux : chevaux, vaches laitières, moutons, — volailles, — abeilles.

Industrie : filatures de coton, de laine, moulins à farines, papeteries, — fabriques de draps et lainages.

Chartres, centre du commerce des grains de la Beauce ; pâtés renommés ; magnifique cathédrale ; 17,340 h.

Châteaudun; Dreux, ville fort ancienne, surtout célèbre par la bataille qui s'y livra entre les catholiques et les protestants, en 1562.

Nogent-le-Rotrou, fait un grand commerce de bestiaux ; 6,674 hab.

IV. — RÉGION DE L'OUEST.

Maine (2 départements).

1. SARTHE, *chef-lieu* Le Mans.

4 arrondissements. — 33 cantons. — 389 communes.
Population : 466,155 habitants.

Le sol de ce département est fertile. Il produit des céréales de toute espèce, des fruits, des légumes, du chanvre, des vignes et des bois.

Mines de fer, d'anthracite ; carrières de marbre, de pierres meulières, d'ardoises, de grès, — tourbières.

Industrie : usines de fer, fabriques de tissus de laine, de toiles, de gants, de cuirs ; papeteries.

Élève de bestiaux et surtout de chevaux : de volailles très-recherchées, — conserves de légumes et de viandes.

Le Mans, sur la Sarthe, fait un grand commerce de bougies et de volailles ; 34,657 hab.

La Flèche, autrefois place très-forte, possède un célèbre collège militaire ; 6,463 hab.

Mamers, *Saint-Calais* ; Sablé, ville fort industrieuse, 5,629 hab.

2. MAYENNE, *chef-lieu* Laval.

3 arrondissements. — 27 cantons. — 274 communes.
Population : 375,163 habitants.

Le département de la *Mayenne* est arrosé par la rivière de ce nom, par de nombreux ruisseaux ; il renferme un grand nombre d'étangs très-poissonneux. Le sol est fertile en céréales, chanvre, lin, fruits à cidre ; il y a beaucoup de bois et quelques vignes.

On élève des bestiaux, chevaux, moutons, porcs, abeilles.

Industrie : fabriques de coton, tissage de toile ; quelques usines à fer, papeteries, ardoisières, distilleries.

Laval, avec de nombreuses fabriques de toile, fait un bon commerce de grains et de laines ; 20,535 hab.

Mayenne, 9,816 hab.

Château-Gontier, 6,796 hab.

Bretagne (5 départements).

1. ILLE-ET-VILAINE, *chef-lieu* Rennes.

6 arrondissements. — 43 cantons. — 350 communes.
Population : 584,930 habitants.

Ce département présente des pâtis, des landes, des bruyères sur une grande partie de son territoire ; il produit des céréales en quantité suffisante pour la consommation ; culture en grand du chanvre et du lin.

On y élève des chevaux, des bêtes à cornes.

Carrières de granit, d'ardoises, de grès ; mines de fer.

Industrie : forges et hauts-fourneaux, fonderies ; fabriques de toiles ; tanneries.

Rennes, ancienne capitale de la Bretagne, est une ville très-industrieuse et très-commerçante ; 37,462 hab.

Saint-Malo, port très-fréquenté, surtout important par ses armements pour la pêche de la morue ; patrie de Duguay-Trouin et de Chateaubriand ; 9,690 hab.

Fougères possède des tanneries et des teintureries renommées ; 8,966 hab.

Montfort, *Vitré*, *Redon* ; Cancale, petit port renommé pour ses huîtres ; 6,186 hab.

2. COTES-DU-NORD, *chef-lieu* Saint-Brieuc.

5 arrondissements. — 48 cantons. — 382 communes.
Population : 628,676 habitants.

Pays très-accidenté, traversé par les monts de Bretagne. Comme le département d'Ille-et-Vilaine dont il est limitrophe, il renferme des landes, des bruyères. On y trouve d'excellents pâturages, des bois. Le sol produit des céréales, du lin, du chanvre, des fruits à cidre. Elève de chevaux, de gros bétail et de moutons.

La pêche maritime est l'objet d'un commerce assez considérable.

Industrie : tanneries, fabriques de toiles.

Saint-Brieuc fait un bon commerce maritime ; 13,888 h.

Dinan, possède de belles fabriques de toiles dites de *Bretagne*. Le fameux Duguesclin est né dans les environs ; 7,724 hab.

Loudéac, centre d'une grande fabrication de toiles ; 5,934 hab.

Lannion ; 6,206 hab.

Guingamp, avec des fabriques de toiles dite *Guingamp* ; 6,984 hab.

3. FINISTÈRE, *chef-lieu* **Quimper.**

5 arrondissements. — 43 cantons. — 284 communes.
Population : 627,304 habitants.

Ce département, traversé par les monts d'Arrées et les montagnes Noires, est très-accidenté ; il forme une presqu'île baignée par l'Océan au nord, au sud et à l'ouest. Le sol produit des céréales, une grande quantité de légumes. — Elève de bestiaux spécialement des chevaux.

Mines de plomb ; carrières de marbre, de granit et de grès.

La pêche de la sardine est l'objet d'un commerce considérable.

Industrie : fabriques de toiles et de cordages.

Les îles de *Sein* et d'*Ouessant* dépendent de ce département. Les ports principaux sont ceux de *Brest*, siége d'un préfet maritime, de *Morlaix*, de *Quimper*, de *Landernau*.

Quimper, importante par son commerce de sel et de grains ; 9,979 hab.

Brest, port militaire le plus beau et le plus sûr de

l'Europe, a une école spéciale de marine ; 67,833 hab.

Châteaulin, *Morlaix*, commerçante en chevaux ; 13,284 hab.

Quimperlé exporte beaucoup de grains ; 6,240 hab.; Carhaix, renommée pour ses toiles ; patrie de la Tour-d'Auvergne, premier grenadier de France.

4. MORBIHAN, *chef-lieu* **Vannes.**

4 arrondissements. — 37 cantons. — 237 communes.
Population : 446,504 habitants.

Ce département, qui renferme une grande étendue de landes incultes, produit des céréales, quelques vignes ; on y trouve des pâturages. — Élève de bestiaux et d'abeilles.

La pêche maritime, principalement de sardines, le miel, le beurre qui est très-estimé, le sel sont l'objet d'un commerce très-étendu.

Mines de fer, de plomb ; carrières de granit et de pierres de taille.

La presqu'île de Quiberon. Les îles de Belle-Ile, de Groix, d'Houat et d'Houëdic, font partie de ce département.

Vannes, ville maritime et commerçante ; 12,835 hab.

Napoléonville, autrefois Pontivy, ancien chef-lieu du célèbre duché de Rohan ; 6,613 hab.

Lorient, excellent port militaire et marchand ; 26,819 h.

Ploërmel ; 4,972 hab.

5. LOIRE-INFÉRIEURE, *chef-lieu* **Nantes.**

5 arrondissements. — 45 cantons. — 208 communes.
Population : 580,207 habitants.

Le département de la *Loire-Inférieure* est un des plus importants de la France par ses productions agricoles et minérales, par l'activité de son industrie et de son commerce avec l'intérieur, avec l'Amérique, les Indes et l'Afrique.

C'est un pays plat. Le sol produit des céréales, des fruits à cidre, du lin, des vignes, des bois ; on cultive en grand le châtaigner et le pommier.

Elève de chevaux et d'abeilles.

Mines de fer et d'étain, de houille; tourbières.

Carrières d'ardoises, de kaolin; marais salants à Guérande, au Croisic et à Bourgneuf.

Industrie : usines de fer et de cuivre, fonderies; raffineries, verreries, brasseries; fabriques de chapeaux, de bonneteries, de toiles, arsenic, tanneries. — Chantiers de constructions maritimes.

Nantes, sur la Loire, une des villes les plus considérables et les plus importantes de la France, a de nombreuses fabriques de tissus dits de *Nantes*; 107,974 hab.

Ancenis, sur la Loire, au milieu de bons vignobles : 3,836 hab.

Châteaubriant, renommée pour ses confitures sèches; 4,501 hab.

Paimbœuf, port, sur la Loire; 3,445 hab.

Savenay, surtout fameuse par ses foires de bestiaux; 2,782 hab.

Anjou (1 département).

MAINE-ET-LOIRE, *chef-lieu* Angers.

5 arrondissements. — 34 cantons. — 376 communes.
Population : 526,012 habitants.

Pays de plaines, arrosé par un grand nombre de cours d'eau et sujet dans quelques parties à des inondations. Le sol est très-fertile; il produit des céréales en abondance, des pommes de terre, des légumes, des vins très-estimés, surtout les vins blancs; du chanvre, du lin qui sont cultivés en grands; des melons. — Excellents pâturages.

Elève de bœufs et de moutons.

Carrières d'ardoises, les plus importantes de la France, de marbre, de pierres de taille, de granit, de grès.

Industrie : fabriques de lainages, de toiles, de cotonnades, de flanelle, de linge de table.

Angers, fait un grand commerce en vins, grains et bestiaux, et possède une école impériale des Arts-et-Métiers; 46,066 hab.

Saumur, sur la Loire, a une célèbre école de cavalerie et fait un bon commerce de grains ; 13,243 hab.

Baugé, Segré, célèbre dans les malheureuses guerres de la Vendée.

Chollet, célèbre dans les guerres de la Vendée, a des fabriques très-importantes de toile, de flanelle, de siamoises, de mouchoirs, etc.; 12,464 hab.

Poitou (3 départements).

1. VENDÉE, *chef-lieu* Napoléon-Vendée.

3 arrondissements. — 30 cantons. — 298 communes.
Population : 395,695 habitants.

Ce département renferme des marais, des étangs, des bois et des plaines, ce qui le fait partager en trois parties : le *Marais*, le *Bocage* et la *Plaine*. Le sol, dans cette dernière région, est assez fertile et produit des céréales, des légumes, du chanvre et du lin, des vignes, des pâturages.

Élève de bestiaux.

L'industrie est assez active : fabriques de sucre et d'étoffes communes, papeteries, chapelleries, corderies. tanneries. — La pêche de la sardine est l'objet d'un assez grand commerce.

Les îles *Dieu* et de *Noirmoutiers* font partie de ce département.

. *Napoléon-Vendée*, jolie petite ville construite sous l'empereur Napoléon Ier, 6,823 hab.

Fontenay-le-Comte, sur la Vendée ; 7,526 hab.

Les Sables-d'Olonne, petit port assez commerçant. 6,720 hab.

2. DEUX-SÈVRES, *chef-lieu* Niort.

4 arrondissements. — 31 cantons. — 355 communes.
Population : 328,817 habitants.

Ce département, qui doit son nom aux deux principales rivières qui l'arrosent, la Sèvre-Niortaise et la Sèvre-Nantaise, comprend deux parties distinctes, séparées par une chaîne de montagnes peu élevées, *la Plaine* et *la Gâtine*. Cette région renferme de nombreux étangs très-poissonneux; elle est assez accidentée.

La *Plaine* est un pays mouillé et généralement très-fertile.

Le sol produit des céréales de toute espèce, des légumes, des pommes de terre, du lin, du chanvre, des fourrages. On trouve de bons pâturages, des bois, des vignes.

Élève de chevaux, de mulets, de bœufs.

Mines de fer ; carrières de marbre, de granit, de salpêtre, de pierres.

L'industrie est peu développée. On compte quelques fabriques de toiles, des papeteries et des tanneries.

Niort, surtout importante par ses fabriques de serges et par son commerce de mulets; 19,033 hab.

Bressuire, Melle, et *Parthenay* font un grand commerce de bestiaux.

3. VIENNE, *chef-lieu* **Poitiers.**

5 arrondissements. — 31 cantons, — 296 communes.
Population : 322,028 habitants.

Le département de la Vienne est montueux au sud ; dans les autres parties, c'est un pays de plaine. On y cultive les céréales, les légumes, du chanvre; il y a des prairies naturelles et artificielles, d'excellents pâturages, des vignes, des bois et des forêts. — Récolte de truffes et de châtaignes.

Élève de bestiaux et particulièrement de mulets, de volailles, d'abeilles, mines de fer; carrières de pierres.

Industrie : coutellerie très-estimée ; manufactures d'armes blanches.

Poitiers, ville très-ancienne, très-commerçante et surtout riche en souvenirs historiques; 27,435 hab.

Châtellerault, sur la Vienne, renommée par sa manufacture d'armes blanches et son commerce de coutellerie; 13,592 hab.

Civray et *Loudun* font un grand commerce de grains ; *Montmorillon*.

Saintonge et Angoumois (1 département).

CHARENTE, *chef-lieu* Angoulème.

5 arrondissements. — 29 cantons. — 428 communes.
Population : 379,081 habitants.

Les arrondissements d'Angoulème, de Barbézieux, de Cognac, présentent un sol fertile ; ceux de Confolens et de Ruffec offrent un pays généralement aride ; on trouve beaucoup de landes et de nombreux étangs.

Productions : céréales, châtaignes, truffes, vins communs. Les eaux-de-vie dites de Cognac sont les meilleures de la France et constituent une des principales sources de richesse de ce département.

Mines de fer. Carrières de pierres lithographiques, de pierre de taille.

Industrie : fabriques de papiers, de fer, aciers etc.

Angoulême, sur une colline élevée, au pied de laquelle coule la Charente, fait un commerce considérable d'eau-de-vie ; 22,880 hab.

Cognac, sur la Charente, surtout fameuse par son eau-de-vie ; 8,002 hab.

Ruffec et *Barbézieux*, renommées pour leurs truffes.
Confolens, sur la Vienne.

Aunis (1 département).

CHARENTE-INFÉRIEURE, *chef-lieu* La Rochelle.

6 arrondissements. — 40 cantons. — 479 communes.
Population : 481,060 habitants.

Département maritime dont les côtes généralement basses présentent quelques bons ports, entre autres la *Rochelle*, *Rochefort*.

Le sol du département est généralement plat et produit des grains, des vins, des fourrages ; on trouve des prairies et d'excellents pâturages; des marais salants qui donnent en abondance un des meilleurs sels. Les huîtres dites de *Marennes*, sont très-recherchées — pêche de sardine.

Élève de chevaux, de moutons, de volailles et d'abeilles.

Industrie : fabriques de lainages, de savons ; fabriques considérables d'eaux-de-vie.

Les îles de *Ré* et *d'Oléron* font partie de ce département.

La Rochelle, place forte, l'un des principaux boulevarts du calvinisme pendant les guerres de religion, soutint un siége célèbre contre le cardinal de Richelieu, en 1628; elle fait un grand commerce de denrées coloniales : 16,758 hab.

Rochefort, le troisième grand port militaire de la France, est très-commerçante; 22,817 hab.

Marennes, jolie petite ville maritime, exporte beaucoup de sel excellent, 4,455 hab.

Saintes, sur la Charente, autrefois plus considérable, a beaucoup souffert pendant les guerres de religion, 10,338 hab.

Jonzac, *Saint-Jean-d'Angely*, villes importantes, 6,284 hab.

V. — RÉGION DU MIDI.

Guyenne et Gascogne (9 départements).

1. GIRONDE, *chef-lieu* Bordeaux.

6 arrondissements. — 48 cantons. — 547 communes.
Population : 667,193 habitants.

Département maritime dont les côtes sont couvertes de dunes qui atteignent en certains endroits une hauteur de 18 à 20 mètres et renferment de nombreux lacs et étangs. Département riche par les productions du sol, l'industrie, le commerce.

Le sol fournit des céréales, du chanvre, du tabac: des vins très-renommés qui sont l'objet d'un immense commerce ; salines, carrières de pierres pour la construction, tourbières.

Industrie très-active : filatures, hauts fourneaux, raffineries, distilleries, tanneries, fabriques d'indiennes et de cordages, chantiers de construction pour la marine.

Bordeaux, sur la Garonne, est une des plus intéressantes villes de l'Europe ; son port est vaste et sûr, et son commerce est immense ; 149,220 hab.

Blaye, Lesparre, Bazas, La Réole.

Libourne, sur la Dordogne, ville industrieuse et commerçante : 12,470 hab.

2. DORDOGNE, *chef-lieu* **Périgueux.**

5 arrondissements. — 47 cantons. — 582 communes.
Population : 501,687 habitants.

Ce département, traversé en partie par les Monts d'Auvergne, présente un sol assez accidenté et très-fertile dans les vallées. La culture y est très-variée : céréales, maïs, pommes de terre, truffes excellentes. On trouve des bois, des vignes qui donnent des vins très-renommés, des prairies et des pâturages.

Élève de bestiaux et de volailles.

Mines de fer ; — carrières de pierres.

Industrie : papeteries, usines de fer, d'acier, — huileries.

Périgueux, ville très-ancienne, surtout renommée pour son grand commerce de truffes ; 17,081 hab.

Bergerac, sur la Dordogne ; le célèbre Montaigne est né dans ses environs ; 11,625 hab.

Nontron ; Ribérac ; Sarlat.

3. LOT, *chef-lieu* **Cahors.**

3 arrondissements. — 29 cantons. — 315 communes.
Population : 295,542 habitants.

Le département du Lot, occupé par les Cévennes et les Monts du Cantal, présente un sol accidenté et généralement très-fertile.

Il produit des céréales, du chanvre, du tabac, des truffes, des châtaignes. on trouve des bois, des vignes qui donnent de bons vins ordinaires ; des pâturages.

On élève beaucoup de porcs et de volailles.

Carrières de pierres lithographiques, de pierres meulières.

Industrie peu développée. — moulins à farine.

Cahors a des fabriques importantes de draps ; 13,846 h.

Figeac : Gourdon, dans le voisinage de laquelle se trouve la Mothe-Fénelon où est né l'illustre auteur du *Télémaque*. Le brave Joachim Murat, roi de Naples, est né à La Bastide, dans le même arrondissement. 4,995 h.

4. AVEYRON, *chef-lieu* **Rodez.**

5 arrondissements. — 42 cantons. — 282 communes. .
Population : 396,025 habitants.

L'Aveyron est un pays de montagnes et qui présente des coteaux couverts de bois, quelques vignes, des vallées fertiles. de beaux pâturages. Le sol produit du blé, du chanvre, des fruits, des vins ordinaires, des truffes.

Il y a des eaux minérales dont les plus réputées sont celles de Cransac ; houillières, mines de fer et d'alun.

Élève de bestiaux, de chevaux et de mulets.

Industrie : fabriques de toiles, de lainages, de cuirs, et de fer. Les fromages dits de Roquefort sont très-connus.

Rodez, ville ancienne et commerçante: 9,680 hab.

Milhau, sur le Tarn, la ville la plus industrieuse et la plus riche du département : 12,491 hab.

Sainte-Affrique, dans les environs de laquelle se trouve le village de Roquefort, dont les fromages sont si renommés ; — 6,745 hab.

Villefranche, 10,035 hab. ; *Espalion*. 4,200 hab.

5. TARN-ET-GARONNE, *chef-lieu* **Montauban.**

3 arrondissements. — 24 cantons. — 193 communes.
Population : 232,551 habitants.

Le sol de ce département est très-fertile ; il produit

des céréales de toute espèce, des fruits, des légumes, du chanvre, du lin, des plantes oléagineuses ; des vignes et des bois.

Carrières de marbre, et de pierres de taille. Le commerce est très-actif.

Industrie : tanneries, papeteries, faïenceries, distilleries. Élève de bestiaux et de mulets.

Montauban devint pendant les guerres de religion, l'une des principales places des huguenots ; 25,569 hab.

Moissac, 10,263 hab. ; *Castel-Sarrasin*, assez commerçante en grains et vins ; 6,725 hab.

6. LOT-ET-GARONNE, *chef-lieu* **Agen.**

4 arrondissements. — 35 cantons. — 316 communes.
Population : 332,065 habitants.

Pays de plaines et de montagnes peu élevées ; il présente un sol très-riche sur le bord des rivières et dans les plaines ; on trouve dans d'autres parties des Landes et des bruyères. Productions agricoles : céréales, chanvre, tabac, vins, liége, fruits.

Mines de fer.

Industrie : usines de fer, manufactures de toiles peintes, filatures de laine, papeteries, ganterie, bonneterie, préparation de fruits secs et spécialement de pruneaux.

Élève de volailles.

Agen, sur la Garonne, entrepôt du commerce entre Bordeaux et Toulouse ; patrie de Lacépède et du célèbre troubadour Jasmin ; 15,937 hab.

Marmande, ville fort ancienne ; 8,570 hab. ; *Nérac*, 7,126 hab. ; *Villeneuve-d'Agen*, 12,305 hab.

7. GERS, *chef-lieu* **Auch.**

5 arrondissements. — 29 cantons. — 466 communes.
Population : 298,931 habitants.

Le sol, accidenté dans différentes parties, est généralement fertile. Il produit du blé, du maïs, du lin, du chanvre, des légumes, des oignons et de l'ail, des vins, des bois et d'excellents pâturages.

4.

Élève de bestiaux, de chevaux, de mulets, de volailles.
Carrières de marbres.
Industrie : fabrique de rubans, distilleries.
Auch, surtout importante par son commerce de vins et d'eau-de-vie ; 9,692 hab.
Lectoure, patrie du maréchal Lannes, duc de Montebello ; 5,914 hab.
Mirande ; Condom ; Lombez.

8. LANDES, *chef-lieu* **Mont-de-Marsan.**

3 arrondissements. — 28 cantons. — 331 communes.
Population : 300,839 habitants.

Pays pauvre, couvert sur la plus grande partie de sa surface de landes et d'étangs.
Productions : seigle, maïs, sarrazin, pommes de terre, vins, dont quelques-uns sont estimés ; bois dont les essences principales sont le pin et le sapin, qui fournissent de la résine qui est l'objet d'un assez grand commerce. Élève de chevaux, de porcs, de moutons, de volailles.
Mines de fer, de houille, carrières de marbre, de kaolin, de pierres lithographiques, d'ocre, tourbières.
Il y a d'abondantes sources d'eaux minérales.
Industrie : tanneries, poteries et faïenceries, préparation de jambons.
Mont-de-Marsan, entrepôt du commerce entre Bordeaux et Bayonne, exporte beaucoup de matières résineuses. 5,213 hab.
Dax, sur l'Adour, surtout renommée pour ses eaux thermales. Saint Vincent de Paul, l'un des plus grands bienfaiteurs de l'humanité, est né dans les environs. 9,463 hab.
Saint-Sever ; 4,761.

9. HAUTES-PYRÉNÉES, *chef-lieu* **Tarbes.**

3 arrondissements. — 26 cantons. — 479 communes.
Population : 240,179 habitants.

Ce département doit son nom aux montagnes qui couvrent son territoire. C'est un pays très-pittoresque, qui présente des vallées fertiles, d'excellents pâturages, des bois et des forêts, des vignes qui donnent des vins estimés. Le sol produit des céréales, du lin, du chanvre, des châtaignes. Mines de cuivre, de fer, de zinc et de plomb; carrières importantes de marbre. Il y a des sources d'eaux minérales très-nombreuses et très-fréquentées : Bagnères-de-Bigorre, Cauterets, Barèges, etc.

Industrie et commerce : scieries de planches ; commerce de sangsues.

Elève de bons chevaux, de mulets, de volailles, de chèvres.

Tarbes, très-florissante sous les Romains, a de superbes papeteries 13,227 hab.

Argelès, dans les environs de laquelle se trouvent les célèbres bains d'eaux thermales de Barèges et de Cauterets; 1,686 hab.

Bagnères-de-Bigorre, à l'entrée de la délicieuse vallée de Campan, est très-fréquentée pour ses eaux thermales ; 8,794 hab.

Béarn et Navarre (1 département).

BASSES-PYRÉNÉES, *chef-lieu* **Pau.**

5 arrondissements. — 40 cantons. — 559 communes.
Population : 436,628 habitants.

Ce département a une très-grande étendue; c'est un pays de montagnes, très-accidenté et très-pittoresque, riche par ses eaux et ses productions minérales; on y trouve beaucoup de bois, des forêts, des vignes dont quelques-unes donnent des vins très-estimés, des pâturages, des vallées très-fertiles en grains, maïs, chanvre et lin.

Mines de fer, de cuivre, de soufre, de houille, de cobalt, salines; carrières de marbres, d'albâtre, d'ardoises, de granit.

Elève de bestiaux, de bons chevaux, de mulets.

Industrie : fabriques de toiles, de tapis, de lainages, de chocolat. Les jambons de Bayonne sont très-renommés.

Pau, surtout importante par ses foires pour la vente des mulets aux espagnols. On y remarque encore le fameux château où naquit Henri IV ; 18,957 hab.

Bayonne, sur l'Adour, tout près de l'Océan, a un excellent port et fait un grand commerce avec l'Espagne ; ses jambons sont très-renommés ; 23,221 hab.

Orthez, *Oloron* ou *Oléron*, *Mauléon*.

Salies, importante par son immense commerce de sel très-blanc, auquel on attribue la bonne qualité des jambons du pays.

Comté de Foix (1 département).

ARIÈGE, *chef-lieu* Foix.

3 arrondissements. — 20 cantons. — 336 communes.
Population : 251,850 habitants.

Pays couvert en partie par les Pyrénées et traversé par les monts de l'Ariége. Le sol, très-accidenté et pittoresque, riche par ses eaux et ses productions minérales, produit aussi des céréales, des fourrages ; on y trouve des pâturages, des bois et des vignes qui donnent des vins communs. L'Ariége renferme des truites et des aloses renommées ;

Mines importantes de fer ; carrières de marbre, d'albâtre. — Forges.

Les eaux d'Ax sont assez fréquentées.

Élève de bestiaux, chevaux, mulets, moutons. Commerce important de laines.

Foix, patrie de Gaston de Foix, le vainqueur de Ravenne ; 4,958 hab.

Saint-Girons, fait avec l'Espagne un grand commerce de bestiaux ; 4,454 hab.

Pamiers, sur l'Ariége ; 7,500 hab.

Ax, *Ussat* et *Andinac* ont des eaux minérales.

Roussillon (1 département).

PYRÉNÉES-ORIENTALES, *chef-lieu* **Perpignan.**

3 arrondissements. — 17 cantons. — 230 communes.
Population : 181,763 habitants.

Ce département offre des régions montagneuses, marécageuses, pierreuses. Il renferme quelques étangs, des bois et des forêts, des vignes dont les vins sont estimés. Le sol produit, en outre, des céréales, des fruits, des oranges, des grenades, des mûriers et des oliviers, du liége.

Mines de fer, de cuivre, de plomb ; carrières de marbre et de granit.

Usines de fer, fabriques de cartes à jouer, de bouchons de liége, de manches de fouet, *dits Perpignan*, tanneries.

Commerce de vins, de liqueurs, de thons et d'anchois que produisent les rivières, de laines, etc.

Perpignan, ville forte et commerçante ; 19,938 hab.

Céret ; 3,563 hab.

Prades ; Rivesaltes, surtout remarquable par son excellent vin ; 3,005 hab.

Amélie, célèbre par ses eaux.

Languedoc (8 départements).

1. HAUTE-GARONNE, *chef-lieu* **Toulouse.**

4 arrondissements. — 39 cantons. — 578 communes.
Population : 484,081 habitants.

La chaîne des Pyrénées occupe la partie sud de ce département qui présente de belles forêts, des vallées fertiles, des vignobles.

Le sol produit des céréales en abondance, des fruits, des légumes, du maïs, du chanvre, du lin, des châtaignes, des truffes.

Mines de fer, de cuivre, de plomb, d'antimoine, de houille ; carrières de marbre.

Les eaux de Bagnères-de-Luchon sont très-fréquentées.

Industrie : fabriques de porcelaine et de poterie ; horlogerie ; confection de chapeaux de paille.

Élève de bestiaux et de volailles.

Le cal du Midi qui traverse ce département favorise le commerce qui est très-étendu.

Toulouse, sur la Garonne, ville considérable et très-commerçante, entrepôt des denrées que la France vend à l'Espagne ; 101,928 hab.

Muret, surtout célèbre par la victoire de Simon de Montfort sur les Albigeois, en 1213 ; 4,130 hab.

Villefranche, près du canal du Midi ; 2,833 hab.

Saint-Gaudens ; Bagnères-de-Luçon, renommée pour ses eaux minérales ; 4.975 hab.

2. TARN, *chef-lieu* **Albi.**

4 arrondissements. — 35 cantons, — 316 communes.
Population : 353,635 habitants.

Ce département, occupé par les monts d'Auvergne, des ramifications des Cévennes, présente des coteaux, couverts de bois, des vallées et des plaines fertiles. Le sol produit des céréales en grande quantité, des pommes de terre, des mûriers, des vignes.

Mines de houille ; carrières de marbre et de plâtre.

Industrie : fabriques d'acier, de cuir, papeteries, fabriques de draps et de lainages.

Élève de bestiaux et de chevaux.

Albi, très-agréablement située sur le Tarn, a donné son nom aux Albigeois, hérétiques contre lesquels fut dirigée une croisade au commencement du xiii° siècle ; 14,134 hab.

Castres, avec d'importantes manufactures de draps ; 19,393 hab.

Gaillac fait un bon commerce de vins blans très-estimés ; 7,769 hab.

Lavaur ; Mazamet, centre d'une fabrication considérable de flanelle ; 10,912 hab.

3. AUDE, *chef-lieu* **Carcassonne.**

4 arrondissements. — 31 cantons. — 434 communes.
Population : 283,606 habitants.

Ce département est coupé par les Pyrénées, les Cévennes et les Corbières. Le sol, très-accidenté dans certaines parties, présente des coteaux boisés, des marais salants, des étangs, des vignobles dont quelques-uns donnent des vins renommés, tels que les vins blancs connus sous le nom de *blanquette de Limoux*; des plaines fertiles en céréales, des oliviers.

Carrières de marbre.

Industrie : fabriques d'eaux-de-vie, de draps; miroiteries; fabriques de peignes et d'aciers.

On élève des bestiaux, des moutons et des abeilles.

Carcassonne a de bonnes fabriques de draps; 18,373 h.

Limoux, célèbre pour son vin blanc; 6,322 hab.

Narbonne, autrefois colonie romaine, importante et très-manufacturière; 14,194 hab.

Castelnaudary, surtout célèbre par la bataille où le duc de Montmorency fut battu et fait prisonnier par les troupes de Louis XIII, en 1632; 9,332 hab.

Rennes, Alet, Campagne, Gignols ont des sources d'eaux minérales.

4. HÉRAULT, *chef-lieu* **Montpellier.**

4 arrondissements. — 36 cantons. — 334 communes.
Population : 409,391 habitants.

Le département de l'Hérault, baigné par la Méditerranée, arrosé par de nombreux cours d'eau, sillonné par plusieurs canaux, renferme des étangs, des marais, des lagunes sur les côtes. C'est un pays riche par ses produits agricoles, son industrie et son commerce.

Le sol produit des céréales, des mûriers, des oliviers, des plantes tinctoriales et médicinales; il y a beaucoup de vignes qui donnent des vins rouges et blancs très-renommés.

Mines de fer, de cuivre, de houille; — carrières de marbre. — Sources minérales.

Industrie : fabriques importantes d'eaux-de-vie et de liqueurs , — parfumerie, bonneterie ; fabriques de draps, de tissus de soie.

Elève de moutons, d'abeilles et de vers à soie,

Montpellier, très-jolie ville fort agréablement située sur une hauteur dont la vue embrasse à la fois les Pyrénées, les Cévennes, les Alpes et la Méditerranée. Elle fait un grand commerce et possède une célèbre école de médecine ; 44,792 hab.

Béziers, sur le canal du Languedoc, fameuse par la beauté de sa position, la douceur de son climat et la fertilité de son territoire ; 22,686 hab.

Lodève, 11,637 hab.: et *Saint-Pons* ont des manufactures considérables de draps ; 6,344 hab.

Cette a un port très-fréquenté et fait un grand commerce ; 21,835 hab.

Lunel et *Frontignan* sont très-renommées pour leurs vins muscats.

5. GARD, *chef-lieu* **Nîmes.**

4 arrondissements. — 38 cantons. — 348 communes.
Population : 422,107 habitants.

Ce département est baigné par la Méditerranée. Il présente un sol varié, des coteaux boisés, des marais salants, des étangs, des plaines et des vallées fertiles. C'est un pays très-riche par ses productions minérales, son commerce et l'activité de son industrie.

Le sol produit peu de céréales, beaucoup de vins; l'olivier, le mûrier, la garance sont cultivés en grand ; des châtaignes.

Salines, mines de fer, de manganèse, d'antimoine, de plomb, de zinc, de houille. — Carrières de marbre, de plâtre, d'ocre et de kaolin.

Industrie : élève de vers à soie ; fabriques de tissus de soie, de fer.

Nîmes, grande, belle et très-ancienne ville, entrepôt général des soies grèges et ouvrées du Midi, possède de nombreuses antiquités romaines ; 53,209 hab.

Aluis, centre d'un grand commerce de rubans de soie ; 19,628 hab.

Uzès, *Le Vigan* ; Beaucaire-sur-le-Rhone, célèbre par la foire qui s'y tient le 22 juillet et qui y attire les négociants de toutes les parties du monde ; 9,205 hab.

6. LOZÈRES, *chef-lieu* **Mende.**

3 arrondissements. — 24 cantons. — 193 communes.
Population : 137,367 habitants.

Pays très-accidenté et très-pittoresque qui tire son nom du mont de la *Lozère*, un des points les plus élevés des Cévennes.

Le sol, généralement pauvre, produit du bois, quelques vignes, peu de céréales, des châtaignes, des mûriers. — Bons pâturages.

Mines de plomb et d'argent, d'antimoine. Carrières de marbre.

L'industrie et le commerce sont peu développés : fabriques de dentelles, de soies, de lainages, de cuirs ; — papeteries.

Elève de moutons et de vers à soie.

Mende, entrepôt considérable de serges et cadis ; 5,970 hab.

Marvéjols, centre d'une grande fabrication de serges ; *Florac*.

7. HAUTE-LOIRE, *chef-lieu* **Le Puy.**

3 arrondissements. — 28 cantons. — 260 communes.
Population : 305,521 habitants.

Le département de la Haute-Loire est un pays de montagnes ; le sol est peu fertile. Il produit des céréales en petite quantité, des vins très-communs, des bois ; il y a quelques prairies et de bons pâturages.

Elève des bêtes à cornes, des porcs et des mulets.

Mines de cuivre, de fer, de plomb, de zinc, d'antimoine, de houille. — Carrières de marbre. — Sources minérales.

Industrie : fabrication de dentelles, de rubans, de soie ; — poteries.

Le Puy, environnée de rochers volcaniques et dans une situation extrèmement pittoresque, possède des fabriques de dentelles renommées ; 14,758 hab.

Brionde, très-ancienne petite ville près de l'Allier ; 4,907 hab.

Issengeaux ; 7,893 hab,

8. ARDÈCHE, *chef-lieu* **Privas.**

3 arrondissements. — 31 cantons. — 339 communes.
Population : 388,529 habitants,

Ce département est occupé par des ramifications des Cévennes. C'est un pays très-accidenté qui présente des bois, des coteaux couverts de vignes, des vallées fertiles, des prairies et de bons pâturages. Le sol produit des céréales, des fruits, des marrons ; l'olivier et le mûrier y sont cultivés avec succès. — Des truffes.

Elève de vers à soie et d'abeilles.

Mines de houille, de fer et d'antimoine ; carrières de marbre. — Sources minérales.

Fabriques de soie, de lainages, de chapeaux de paille ; papeteries renommées, — mégisseries.

Privas, intéressante par son commerce de soie et de cuir ; 6,035 hab.

Largentière ; 2,971 hab.

Tournon fait un bon commerce de vins ; 4,835 h.

Annonay, très-renommée pour ses papeteries, sa mégisserie et ses belles soies blanches ; 15,608 hab.

Dauphiné (3 départements).

I. ISÈRE, *chef-lieu* **Grenoble.**

4 arrondissements. — 45 cantons. — 550 communes.
Population : 577,748 habitants.

Pays montagneux, nature agreste. Il présente des montagnes boisées, des glaciers, des torrents, des contrées stériles, des vallées et quelques plaines fertiles.

Le sol produit des céréales, des vins, dont quelques-uns sont estimés, des mûriers.

Nombreuses richesses minérales : mines d'argent, de fer, de cuivre, de plomb, de zinc, de houille. Carrières de marbre, de granit, de plâtre et d'albâtre.

Industrie : usines considérables, fabriques d'étoffes de soie, de draps, papeteries, — cuirs, — ganteries, fromages renommés.

Elève de bestiaux, de chevaux et de vers à soie.

Grenoble, ville forte et très-industrieuse surtout en ganterie et en chamoiserie. C'est dans les environs, au milieu de montagnes extrêmement pittoresques, que se trouve le célèbre monastère de la Grande-Chartreuse ; 28,946 hab.

Vienne, l'une des plus anciennes villes de France, très-intéressante par ses monuments gothiques ; 17,891 h.

La Tour-du-Pin ; Saint-Marcellin.

2. DROME, *chef-lieu* **Valence.**

4 arrondissements. — 29 cantons. — 366 communes.
Population : 326,684 habitants.

Ce département, montagneux dans une partie, n'est fertile que dans les vallées et particulièrement dans la vallée du Rhône. Le sol produit peu de céréales, des bois, des vignes, des mûriers, des oliviers. — Des truffes.

Carrières de marbres et de granit. — Sources d'eaux thermales.

Industrie : fabriques de lainage, de ganterie, de poterie, — filage de la soie.

Elève de chevaux, de mulets, de moutons, de volailles et d'abeilles.

Valence, sur le Rhône, fait un bon commerce de vins, d'eaux-de-vie et de fruits ; 15,233 hab.

Montélimart, au milieu d'un pays délicieux : 10,923 h.
Die, Nyons,

Romans, sur l'Isère, est une ville très-manufacturière : 10,299 hab.

3. HAUTES-ALPES, *chef-lieu* **Gap.**

3 arrondissements. — 24 cantons. — 189 communes.
Population : 125,100 habitants.

Ce département occupe le versant occidental des Alpes : il est hérissé de hautes montagnes calcaires ou granitiques qui lui donnent un aspect pittoresque, et forment de belles et fertiles vallées. Le sol produit des céréales, des fruits et des légumes en quantité suffisante pour les besoins de la population, des vins, des pommes de terre, du chanvre, un grand nombre de plantes aromatiques, des graines de mélèze; les pâturages constituent la principale richesse du pays. On trouve des bois sur les coteaux et les collines.

Mines d'or, d'argent, de cuivre, de plomb. On exploite de beaux marbres, du granit, des pierres lithographiques, du porphyre, de la serpentine, du cristal de roche, de la houille.

Elève de chevaux, de mulets, d'ânes, de vaches, de bêtes à laine.

Industrie : boissellerie, ferronnerie, filatures de laine, des forges, des scieries, et quelques métiers pour le fil et la soie. (Extrait de la *Géographie méthodique* de MM. Mourre et Roustan.)

Gap, ville très-ancienne ; 7,311 hab.

Briançon, place forte, la plus élevée de la France ; 3,483 hab.

Embrun, sur un rocher escarpé, renferme une belle cathédrale ; 3,019 hab.

Provence (3 départements).

1. BASSES-ALPES, *chef-lieu* **Digne.**

5 arrondissements. — 30 cantons. — 254 communes.
Population : 146,368 habitants.

Pays de montagnes, dont le sol est généralement aride, sauf dans quelques vallées. Il produit peu de céréales: le mûrier, l'oranger et le citronnier y sont cultivés; on rencontre quelques vignes, beaucoup de bois et d'excellents pâturages.

Carrières de marbre.

Fabriques de lainages, de tissus de soie.

On élève beaucoup de bestiaux et des vers à soie.

Digne, dans une position fort pittoresque, fait un bon commerce de fruits secs et confits ; 4,452 hab.

Barcelonnette ; Castellane ; Forcalquier ; Sisteron.

Manosque, la ville la plus importante du département, fait un grand commerce d'huiles d'olives ; 5,713 hab.

2. BOUCHES-DU-RHONE, *chef-lieu* **Marseille.**

3 arrondissements. — 27 cantons. — 106 communes.
Population : 507,112 habitants.

Ce département est composé de parties arides, de plaines marécageuses ; il renferme un grand nombre d'é-tangs.

Le sol produit peu de céréales, des vignes qui donnent un vin assez estimé, des oliviers, des mûriers, des figuiers, des fruits excellents, des amandiers, du tabac, — des bois.

Élève de moutons ; — les chevaux de la Camargue sont très-renommés. — Vers à soie.

Salines ; — carrières de marbre ; — commerce de vins, d'eaux-de-vie, de liqueurs, de savons, d'essences. Exportations considérables.

Marseille, le deuxième port commerçant de l'Europe ; constamment encombré de vaisseaux de toutes les parties du monde, possède de nombreuses distilleries et fabriques de draps ; 248,009 hab.

Aix, ancienne capitale de la Provence, surtout renommée pour ses huiles d'olives dont elle fait un très-grand commerce, et pour ses eaux minérales ; 25,333 h.

Arles renferme ainsi que Aix une multitude de monuments anciens, et fait un bon commerce en vins, blé, huiles, etc.; 25,019 hab.

3. VAR, *chef-lieu* **Draguignan.**

3 arrondissements. — 27 cantons. — 143 communes.
Population : 315,526 habitants.

Ce département est traversé par une ramification des Alpes Maritimes. C'est un des plus beaux de la France par ses sites et son climat. Il renferme de nombreux étangs, de magnifiques forêts de pins et de chênes; le sol est peu fertile en grains, mais il produit en abondance des fruits, des oliviers, des orangers, des amandiers, des citronniers, des vins.

Mines de plomb, de sel, de houille; carrières de marbre, de pierres de taille, de gypse.

L'industrie est très-variée, le commerce très-considérable : huile, soie, bouchons de liège, parfumerie, eaux-de-vie, liqueurs.

Élève de mulets, d'abeilles, de vers à soie.

Les îles de Lérins et les îles d'Hyères font partie de ce département.

Draguignan, surtout importante par ses distilleries et par ses fabriques de gros draps; 9,390 hab.

Brignolles, célèbre par la beauté et la salubrité de son climat et par ses excellentes prunes; 5,895 hab.

Toulon, ville forte sur la Méditerranée, l'un des plus beaux ports militaires de l'Europe, a un magnifique arsenal de marine. Livrée aux Anglais par trahison, en 1793, cette ville soutint un siége célèbre où Napoléon commença sa réputation militaire; 54,309 hab.

Fréjus, ville fort importante sous les Romains, renferme de belles antiquités. 27,906 hab.

Comtat d'Avignon (1 département).

VAUCLUSE, *chef-lieu* **Avignon.**

4 arrondissements. — 22 cantons. — 149 communes.
Population : 268,255 habitants.

Le département de Vaucluse doit son nom à une fontaine qui se trouve sur son territoire : il présente un sol très-accidenté arrosé par de nombreux cours d'eau, des torrents qui descendent des Alpes. C'est un pays très-boisé ; il produit des vins, peu de céréales ; de la garance, des fruits, des légumes ; le mûrier y est cultivé en grand.

Mines de fer et de houille ; carrières de pierres de taille, de gypse, de plâtre.

Sources minérales.

Industrie : fabriques de soieries, de toiles, de lainages, — eaux-de-vie, essences.

Élève d'abeilles et de vers-à-soie.

Avignon, sur le Rhône, fut pendant 68 ans la résidence des papes qui contribuèrent beaucoup à son agrandissement ; 31,074 hab.

Carpentras, au milieu d'une contrée plantée d'oliviers et de mûriers ; 10,711 hab.

Orange, longtemps le chef-lieu d'une principauté célèbre, a donné son nom à la maison d'Orange, qui règne aujourd'hui en Hollande ; 9,880 hab.

Apt, fait un bon commerce de confitures excellentes ; 5,752 hab.

CORSE, *chef-lieu* Ajaccio.

5 arrondissements. — 62 cantons. — 353 communes.
Population : 252,889 habitants.

Ile située dans la Méditerranée, généralement très-montagneuse. Elle présente des coteaux boisés, des vallées et des plaines très-fertiles, mais mal cultivées : des marais considérables en partie desséchés ; les machis, disparaissent rapidement.

Le sol produit des oliviers, des orangers, des citronniers, des vignes qui donnent d'excellents vins, du chanvre, du tabac, de la garance, de l'indigo, du coton, des fruits. Il y a de magnifiques forêts de pins, de chêne, de mélèze, des châtaigniers.

Salines, mines de fer et de plomb.

Élève de bétail ; pêche de corail, d'huîtres, de sardine et de thon.

Ajaccio, bon port, au fond d'un golfe magnifique, fait

un commerce considérable avec la France et l'Italie ; patrie de l'Empereur Napoléon ; 12,759 hab.
Sartène ; Bastia ; 17,977 hab. ; Calvi ; Corte.

DÉPARTEMENTS ANNEXÉS.

Alpes maritimes, Savoie et Hte-Savoie.

ALPES MARITIMES, *chef-lieu* Nice.

3 arrondissements. — 25 cantons. — 146 communes.
Population : 294,578 habitants.

Le département des Alpes-Maritimes qui a été formé de la plus grande partie de l'ancien Comté de Nice et de l'arrondissement de Grasse, détaché du Var, doit son nom aux montagnes qui, partant des bords de la mer, entre Nice et Menton, s'élèvent en s'étageant jusqu'au col de Tende, leur point culminant. Il est situé à l'extrême frontière de la région sud-est de la France, et borné, à l'est et au nord, par les Alpes qui le séparent du royaume d'Italie ; à l'ouest, par les départements des Basses-Alpes et du Var ; au sud, par la mer Méditerranée qui le baigne sur une étendue de côtes d'environ 76 kilomètres, à peu près en droite ligne, depuis l'extrémité du golfe de la Napoule, aux pieds de l'Esterel, jusqu'au pont St-Louis, au-delà de Menton.

Sa superficie totale est d'environ 400,000 hectares et sa population, très-inégalement disséminée sur cet ensemble, de 294,578 habitants, d'après le dernier recensement. (*Extrait de l'ouvrage de* M. A. CALMETTE.)

Il est arrosé par un grand nombre de rivières et de torrents parmi lesquels nous citerons : *le Var, l'Esteron, la Roya, le Paillon,* qui passe à Nice, *la Siagne, le Loup, la Cagne, la Brague.*

Ces rivières font mouvoir un grand nombre d'usines, scieries, moulins à blé et à huile, papeteries et nourrissent une grande quantité de poisons.

Le climat de Nice, de Cannes, de Villefranche est délicieux.

Sur les montagnes et les plateaux, on trouve de belles forêts, d'assez beaux pâturages, où l'on élève des troupeaux de gros et de menu bétail. Dans la plaine et sur les bords de la mer, le sol produit des oliviers, des orangers, des citroniers, des fruits excellents, des vignes, du tabac ; les céréales ne suffisent pas aux besoins de la population.

Industrie et commerce. — On compte, dans le département, un grand nombre de moulins à huile et de fabriques d'essences et de parfums, des scieries mécaniques mues par l'eau, des savonneries, des papeteries et des tanneries, quelques manufactures de gros drap, etc.

Une vingtaine d'ateliers de salaison d'anchois et de sardines sont établis sur divers points du littoral et constituent, pour une partie de la population, une source de revenus importants.

L'exploitation de ces diverses industries et l'écoulement de leurs produits donnent lieu à un commerce considérable dans les arrondissements de Nice et de Grasse, dont les deux chefs-lieux sont les principaux centres.

La seule récolte des huiles produit, dans une année ordinaire, plus de cent mille quintaux métriques, dont la valeur est de dix à douze millions.

Celle des oranges et des citrons ne peut pas être évaluée à moins de quinze cent mille francs, et celle des fleurs pour la parfumerie, à moins de deux millions.

Mais la principale industrie des habitants de Nice, de Cannes et de Menton consiste à vendre le plus chèrement possible leur splendide soleil aux riches étrangers qui, tous les hivers, viennent chercher, dans ces trois villes, le plaisir et la santé.

Nice, ville délicieusement située sur la Méditerranée, au milieu d'une campagne couverte d'oliviers, d'orangers, de citroniers, parsemée en toute saison de fleurs et environnée de charmantes villas.

Ville forte, bon port, mais inaccessible aux navires, d'un fort tonnage ; 48,273 hab.

5.

Puget-Théniers, bourg fort ancien renferme une fabrique de draps, des tanneries ; 1,304 hab.

Grasse, sur le penchant d'une colline, est une jolie ville qui fait un commerce considérable d'huile d'olives, de fruits, de figues, d'eau de fleur d'oranger, de miel, de parfumeries ; 12,015 hab.

Villefranche, 2,914 hab. ; — port sur la Méditerranée, est bâtie en amphithéâtre ; elle possède une darse et un lazaret remarquables.

Menton, sur la frontière italienne, est entourée au N. d'un magnifique rempart de rochers.

Commerce d'olives, de citrons et d'oranges. — Distilleries et parfumeries importantes ; 4,904 hab.

Savoie (2 départements).

La Savoie, cédée à la France à la suite de la campagne d'Italie, en 1859, est un pays très-accidenté et qui renferme les plus hautes montagnes de l'Europe, *le Mont Blanc, le Mont Maudit, le Mont Cenis, le petit et le grand Saint Bernard.* Ces montagnes sont couvertes de glaces et de neiges. On trouve des gorges et des vallées profondes, beaucoup de lacs.

Le sol produit des céréales en abondance dans quelques parties, d'excellents pâturages ; des bois pour les constructions maritimes.

Mines de fer, de cuivre, de plomb argentifère, d'étain, d'asphalte, de zinc, de houille, de lignite d'anthracite ; carrières de marbre, de granit, d'ardoises, de jaspe, de porphyre, de topaze.

Élève de bestiaux, d'abeilles.

Les rivières sont très-poissonneuses.

Industrie : hauts fourneaux, draperies, soieries, manufactures de coton, fabriques de tulle, gaze, crêpes, etc.

La Savoie possède des eaux minérales dont les principales sont celles d'*Aix*.

Cette province a formé deux départements :

1. SAVOIE, *chef-lieu* **Chambéry.**

4 arrondissements. — 29 cantons. — 325 communes.
Population : 275,039 habitants.

Chambéry, 19,953 hab. ; ancienne capitale de la Savoie, aujourd'hui chef-lieu de département.

On y remarque la cathédrale, le château, les casernes, — fabriques de gazes et de soie.

Patrie de de Maistre, de Vaugelas, de Saint-Réal.

Albertville, 4,018 hab. ; petite ville composée de deux parties séparées par l'Arly — fonderies.

Moutiers 1,957 hab.

Saint-de-Jean-Maurienne, 3,254 hab.

Aix-les-Bains, possède des eaux thermales renommées.

2. HAUTE-SAVOIE, *chef-lieu* **Annecy.**

4 arrondissements. — 27 cantons. — 309 communes.
Population : 267,496 habitants.

Annecy, sur le lac de ce nom, a des fabriques de coton, des verreries, papeteries, quincailleries.

Patrie de Saint François de Sales, 10,737 hab.

Bonneville, 2,157 hab.

Saint Julien, 1,482 hab.

Thonon, sur les bords du lac de Genève, 5,080 hab.

Iles situées sur les côtes de la France et qui en dépendent.

Les principales îles, situées près des côtes de la France et qui en dépendent, sont :

1° Dans l'Océan Atlantique : *Ouessant*, vis-à-vis de la rade de Brest. *Sein*, sur la côte du Finistère ;

Groix (Morbihan) ;

Belle-Isle, non loin de la presqu'île de Quiberon (Morbihan) ;

Noirmoutiers, sur la côte du département de la Vendée ;

L'*Ile de Bouin* (Vendée) ;

L'*Ile-Dieu*, voisine de la précédente, vaste rocher granitique.

L'*Ile de Ré*, sur les côtes du département de la Charente-Inférieure ;

L'*Ile d'Oléron*, vis à vis de l'embouchure de la Charente ;

2° Dans la Méditerranée : le groupe d'*Hyères* ;

Les deux îles de *Lérins*, situées, comme les précédentes, sur les côtes du département du Var ;

La *Camargue*, delta ou triangle formé par les deux principales branches du Rhône près de son embouchure, un peu au-dessous d'Arles (Bouches-du-Rhône) ;

L'île de *Corse*, dont nous avons déjà parlé.

Questionnaire. — Quelles sont les principales îles situées sur les côtes de la France et qui en dépendent.

Possessions françaises dans les autres parties du monde.

1° En Afrique : — l'*Algérie*, le *Sénégal*, une partie de l'île de *Madagascar*, *Mayotte*, partie des *Comores* ; l'île de la *Réunion*.

2° En Amérique : — *La Guyanne* française dont la capitale est Cayenne ; les *Antilles françaises* dont les îles principales sont : la *Martinique*, *la Guadeloupe* et les îles qui en dépendent : *Marie-Galante*, *les Saintes*, *la Désirade* et une partie de l'île de *Saint Martin*.

3° En Asie : — Nos possessions en Asie sont situées dans l'Inde et dans l'Indochine. Les villes principales sont : *Pondichéry*, *Karikal*, *Chandernagor*, *Gandjam* ou *Yanaon*, *Mahé*, Tourane et *Saïgon*.

4° En Océanie : — l'*Archipel des Marquises*, de *Taïti*, la *Nouvelle Calédonie*, les îles Gambier, *Wallis* et *Foutouna*, *Clipperton* et l'établissement de d'*Akaroa*.

Questionnaire. — Quelles sont les possessions françaises : 1° en Afrique ? — 2° en Amérique ? — 3° en Asie ? — 4° en Océanie ?

IV

ILES BRITANNIQUES.

Population : 29,500,000 habitants.
Superficie : 303,557 kilomètres carrés.

Limites. — L'Archipel britannique, aujourd'hui l'un des Etats les plus florissants de l'Europe, a pour limites :

Au N. et à l'O., l'Océan atlantique ;

Au S., la Manche et le Pas-de-Calais ;

A l'E., la mer du Nord.

Division. — Il se compose :

1° De deux grandes îles : 1. la *Grande-Bretagne*, comprenant l'*Angleterre* et l'*Ecosse* ; 2. l'*Irlande* ;

2° De cinq groupes d'îles, savoir : les *Orcades*, les *Shetland*, les *Hébrides*, au N., les *Sorlingues*, au S.-O. ; les îles *Normandes*, dans la Manche.

Montagnes. — Les plus remarquables sont :

1. Les monts *Grampians*, en Ecosse ;

2. Les monts *Cheviots*, qui séparent en partie l'Ecosse de l'Angleterre ;

3. Les *Moorlands*, dans le N. de l'Angleterre ;

4. Les montagnes du pays de Galles.

Fleuves. — Voici les principaux : la *Tamise*, qui arrose Reading, Windsor, Richmond, traverse Londres et va se perdre dans la mer du Nord.

La *Saverne*, qui passe à Glocester et se jette dans le canal de Bristol.

La *Tweed*, qui sépare l'Angleterre de l'Ecosse et se rend dans la mer du Nord.

Le *Shannon*, en Irlande, qui se perd dans l'Océan atlantique.

Canaux, chemins de fer. — L'Angleterre en est sillonnée.

I. — Angleterre.

L'*Angleterre* proprement dite compte environ 16 millions d'habitants et se divise en 52 comtés ou *shires*, dont les villes principales sont :

Londres, sur la Tamise, capitale des îls Britanniques et la ville la plus grande, la plus riche et la plus commerçante de toute l'Europe. Son vaste port est constamment occupé par d'innombrables vaisseaux ; 2,500,000 hab.

Liverpool, port de mer, qui fait un immense commerce ; 360,000 hab.

Cambridge, surtout célèbre par son université.

Manchester, grande et belle ville dont l'industrie est immense, première place du monde pour le travail du coton ; 312,000 hab.

Leeds, centre d'une grande fabrication de drap et casimirs ; 152,000 hab.

Cantorbéry, ville très-ancienne et très-manufacturière ; son archevêque a le titre de primat de toute l'Angleterre.

Portsmouth, le premier port militaire de l'Angleterre ; 68,540 hab.

Bristol, très-ancienne ville, l'un des principaux ports marchands du royaume ; 130,000 hab.

Birmingham, centre d'une immense fabrication de quincaillerie, de bijouterie et de coutellerie ; 183,000 hab.

II. — Écosse.

L'*Écosse*, divisée par les indigènes en *Hautes terres* (Higlands) et *Basses terres* (Lowlands), renferme 33 comtés qui portent pour la plupart le nom de leur chef-lieu. Les principales villes sont :

Édimbourg, grande et belle ville, capitale de l'Écosse, renferme de nombreux établissements scientifiques ; 136,000 hab.

Glascow, ville considérable, remplie de manufactures, fait un grand commerce et possède une université célèbre ; 290,000 hab.

III. — Irlande.

L'*Irlande* autrefois *Hibernie*, peu connue des anciens et longtemps indépendante, se divise en quatre grandes provinces, dont les villes remarquables sont :

Dublin, la ville la plus considérable des îles Britanniques après Londres, est très-commerçante ; 300,000 hab.

Limérick, sur le Shannon, a des fabriques de ganterie renommées et fait un bon commerce; 63,000 hab.

Corck, au fond du golfe de même nom, est assez industrieuse ; 110,000 hab.

Climat, productions. — Le climat de l'Angleterre et de l'Irlande est généralement froid et humide, et les brouillards y sont fréquents; la température est plus sèche et surtout plus rude en Ecosse.

Le sol, presque partout fertile en Angleterre, produit d'excellents fourrages et beaucoup de céréales; l'Ecosse est bien moins favorisée, et plusieurs de ses comtés sont encore incultes.

L'Irlande, couverte d'une multitude de lacs, serait assez fertile, mais elle est mal cultivée, et ses récoltes sont toujours insuffisantes pour les besoins de sa malheureuse et trop nombreuse population.

Industrie et commerce. — L'Angleterre est le plus grand foyer de l'industrie et du commerce en Europe.

Questionnaire. — Quelle est la population des îles Britanniques? — La superficie? — Quelles en sont les bornes? — De quoi se composent-elles? — Quelles en sont les principales montagnes? — Et les principaux fleuves? — Quelles sont la population, les divisions et les villes principales de l'Angleterre proprement dite? — Comment se divise l'Ecosse? — Quel nom portait autrefois l'Irlande? — Quelles sont les principales villes de l'Irlande? — Quel est le climat de l'Angleterre et de l'Irlande? — Quelles sont les productions de ces contrées?

V

DANEMARK.

Population : 2,300,000 d'habitants.
Superficie : 142,200 kilomètres carrés.

Limites. — Le *Danemark*, autrefois *Chersonèse Cimbrique*, a pour limites :
Au N., le Skager-Rack et le Cattégat;
A l'O., la mer du Nord;
Au S., l'Allemagne ;
A l'E., le détroit du Sund et la mer Baltique.
Division. — Les États du Danemark se composent :
1° De l'*Archipel Danois*, dont les principales villes sont :
Copenhague, dans l'île de Séeland, capitale du Danemark, l'une des plus belles villes de l'Europe : son commerce maritime est très-considérable; 130,000 hab.
Elseneur, sur le Sund, à l'endroit le plus resserré du détroit; les navires marchands de toutes les nations y paient un droit au roi du Danemark.
2° Du *Jutland*, dont la ville la plus importante est *Aalborg*.
3° Du *duché de Schleswig*, avec une capitale du même nom, et *Flensborg*, excellent port.
4° Des *duchés de Holstein et de Lauenbourg*, qui renferment les villes importantes de *Kiel*, sur la Baltique, et d'*Altona*, sur l'Elbe, dont le commerce de transit et de commission est considérable.
5° De l'*Islande* et des *Iles Féroë*, pays très-froids et presque stériles.
Climat, productions. — Les îles qui forment l'Archipel danois jouissent d'un climat tempéré et sont très-fertiles ; le Jutland, au contraire, est généralement froid et couvert de marais et de bruyères ; le Holstein possède de riches pâturages où l'on élève des chevaux renommés.
Industrie et commerce. — L'industrie manufacturière

fournit à peu prés au besoin des villes; dans les campagnes, le paysan fabrique encore lui-même ses vêtements et son mobilier.

Les Danois font surtout le commerce de commission.

Questionnaire. — Quel nom portait autrefois le Danemark ? — Quelles sont les bornes du Danemark? — De quelles provinces se compose cet Etat? — Quelles sont la population et la superficie du Danemark? — Quels en sont le climat, les productions, l'industrie et le commerce?

VI

SUÈDE ET NORVÉGE.

Population : 5,000,000 d'habitants.
Superficie : 790,000 kilomètres carrés.

Limites. — Cette vaste presqu'ile, la *Scandinavie* des anciens, a pour bornes :

Au N., l'Océan glacial arctique ;

Au l'O., l'Océan atlantique et la mer du Nord ;

Au S., le Skager-Rack et la mer Baltique ;

A l'E., la Baltique, le golfe de Bothnie et la Russie.

Montagnes. — *Les Alpes scandinaves* ou monts *Dofrines* partagent la monarchie suédo-norvégienne en deux grands versants : le versant de la mer du Nord et celui de la mer Baltique.

Division. — Ce vaste pays comprend :

1° La *Suède*, à l'E.

2° La *Norvège*, à l'O.

Ces deux États, bien que réunis sous le même souverain, ont leur constitution et leurs assemblées distinctes.

I. — **Suède**.

Subdivision. — La *Suède* se divise en 24 *lans* ou préfectures, qui prennent le nom de leurs chefs-lieux. Les villes les plus remarquables sont :

Stockholm, sur le lac Mœler, capitale de tout le royaume et centre d'un grand commerce ; son port est excellent, mais d'un accès difficile, surtout à l'époque des glaces ; 86,000 hab.

Upsal, une des villes les plus agréables et les plus savantes du Nord ; elle possède une cathédrale magnifique et une université célèbre où Linnée fut professeur.

Calmar, surtout fameuse par l'acte d'union des trois couronnes de Suède, de Norvége et de Danemark, sous le sceptre de Marguerite, *la Sémiramis* du nord, le 20 juillet 1397.

II. — Norvége.

La *Norvége* se divise en 17 bailliages dont les principales villes sont :

Christiansand, excellent port sur le Skager-Rack.

Christiania, capitale de la Norvége, avec un bon port au fond du golfe du même nom, exporte les meilleures planches du Nord, 24,000 hab.

Climat, productions, commerce. — Le climat de la Suède est généralement froid et son sol peu productif, si ce n'est vers le Sud ; on y trouve beaucoup de lacs dont plusieurs ont un aspect agréable.

La Norvége, où le froid est plus rigoureux encore, est presque tout entière couverte par les monts *Dofrines*, qui produisent en abondance des bois propres à la construction des vaisseaux et qui font l'objet d'un immense commerce.

Laponie. C'est une vaste contrée, au nord de la Suède et de la Russie, presque toujours couverte de neiges et de glaces, et dont les habitants sont très-remarquables par leur petite taille (1 m. 35 c. environ). Ils tirent un grand parti d'un animal fort curieux, le *renne*, qui ne peut vivre que dans les régions septentrionales ; ils l'attellent aux traineaux dont ils se servent pour voyager ; ils en boivent le lait et en mangent la chair.

Questionnaire. — Quelle est la population de la Suède et de la Norvége ? — Quelle en est la superficie ? — Quelles en sont les bornes ? — Et les montagnes ? — Comment se subdivise la Suède ? — Quelles en sont les principales villes ? — Comment se divise la Norvége ? — Quelles en sont les principales villes ? — Quels sont le cli-

nat, les productions et le commerce de la Suède? — Et de la Norvége? — Qu'est-ce que la Laponie?

VII

RUSSIE.

Population : 67,000,000 habitants.
Superficie : 5,145,000 kilomètres carrés.

La *Russie*, le plus vaste empire du monde, comprend
à elle seule la moitié de l'Europe.

Limites. — Les monts *Ourals* la séparent de la Russie
d'Asie, et le *Caucase* la borne au S.

Fleuves. — Les plus remarquables sont :

1° Dans le versant de la mer Blanche : la *Dwina*, qui
passe à Arkangel ;

2° Dans le versant de la mer Baltique : la *Néva*, qui
baigne Saint-Pétersbourg ;

3° Dans le versant de la mer Noire : le *Dniester*, qui
sort des monts Carpathes et passe à Bender ;

Le *Dniéper*, ancien *Borysthène*, qui arrose Smolensk.
Mohilev, Kiev et Kherson.

4° Dans le versant de la mer d'Azov : le *Don*, qui baigne Voronez ;

5° Dans le versant de la mer Caspienne : le *Volga*, le
plus grand fleuve de l'Europe. qui passe à Twer, à Kos-
troma, à Nijnéi Nowgorod, à Saratov, à Astracan ;

Enfin le fleuve *Oural*, qui sépare l'Europe de l'Asie.

Division. — On divise généralement la Russie d'Europe en 53 gouvernements qui portent, pour la plupart,
le nom de leurs chefs-lieux.

Les villes les plus considérables sont :

Saint-Pétersbourg, sur la Néva, bâtie par Pierre le
Grand en 1703, et aujourd'hui capitale de l'empire
russe : c'est une grande et belle ville remplie de monuments admirables ; elle fait un commerce immense :
550,000 hab.

Cronstadt, le principal port de la marine russe.

Riga, ville très-forte, à l'embouchure de la Duna est, après Saint-Pétersbourg, la plus commerçante de la Russie.

Smolensk, surtout célèbre par la victoire de Napoléon sur les Russes, en 1812.

Moscou, sur la Moskowa, ancienne capitale de l'empire, grande et jolie ville, incendiée en 1812 par les Russes, fait un commerce immense de pelleteries et fourrures ; 350,000 hab.

Nijneï-Nowgorod, surtout importante par la foire qui s'y tient de juin à juillet, la plus grande de l'Europe.

Astracan, le port le plus fréquenté de la mer Caspienne, à l'embouchure du Volga, fait un grand commerce avec l'Asie.

Odessa, ville toute moderne, bâtie par un Français, le duc de Richelieu, exporte beaucoup de blé.

Varsovie, sur la Vistule, la ville la plus importante de l'ancienne Pologne, autrefois royaume très-florissant ; 150,000 hab.

Climat, productions. — Cette contrée offre, dans presque toute son étendue, d'immenses plaines rarement interrompues par quelques chaînes de montagnes peu élevées. Le nord et même le centre éprouvent des hivers longs et rigoureux : ils abondent en excellents pâturages. Les gouvernements du midi jouissent d'une température assez douce et sont généralement très-fertiles, surtout en grains.

Industrie et commerce. — L'industrie, longtemps souffrante en Russie, y a pris un accroissement considérable depuis un siècle et s'exerce principalement sur la fabrication des toiles, draps, cuirs, cordages, etc.; commerce très-actif avec la Chine, la Perse, la Turquie ; grande exportation de bois de construction, de fourrures et de grains.

Questionnaire. — Quelle est la population de la Russie ? — Quelle en est la superficie ; — Quelles sont les bornes de la Russie ? — Quels en sont les principaux fleuves ? — Comment se divise la Russie ? — Quelles en sont les principales villes ? — Quels sont le climat, les productions, l'industrie et le commerce de la Russie ?

VIII

ALLEMAGNE.

On désigne généralement sous le nom d'*Allemagne* cette vaste contrée située au centre de l'Europe, et comprenant à peu près tous les peuples qui parlent allemand et qui faisaient partie de l'ancien empire germanique. Ainsi déterminée, l'Allemagne se compose de trois grandes parties.

1° La Confédération germanique ou Allemagne propre au milieu ;

2° Le royaume de Prusse, au N. et à l'O.:

3° L'empire d'Autriche au S. et à l'E.

Montagnes. — L'Allemagne est sillonnée par plusieurs chaînes de montagnes se rattachant aux Alpes. Nous remarquerons :

1° Les montagnes de la *Forêt-Noire*, dans le grand-duché de Bade ;

2° Les *Alpes de Souabe*, dans le Wurtemberg ;

3° Les monts de *Hartz*, dans le Hanovre et dans le duché de Brunswick, si célèbres par leurs richesses minérales ;

4° Les monts *Sudètes* qui séparent en partie la Prusse de l'Autriche ;

5° Enfin, les monts *Krapacks* ou *Carpathes*, à l'est de l'empire d'Autriche.

Versants et Fleuves. — Ces montagnes partagent l'Allemagne en trois versants principaux, savoir :

1° Le *versant de la mer Baltique*, qui comprend :

La *Vistule*, qui sort des monts Carpathes, traverse la Pologne et la Prusse occidentale,

L'*Oder*, qui naît en Moravie et arrose Breslau.

2° Le *versant de la mer du Nord*, dans lequel on remarque :

L'*Elbe*, qui parcourt la Bohême, passe à Dresde, à Magdebourg, à Hambourg ;

Le *Wéser*, qui baigne Brème ;

L'*Ems*, qui naît en Westphalie et traverse le Hanovre.

3° Le *versant de la mer Noire*, qui renferme :

Le *Danube*, un des plus grands fleuves de l'Europe : il naît dans le grand duché de Bade, arrose Ulm, Ratisbonne, Passau, Vienne, Pesth, Péterwardein, Belgrade, et tombe dans la mer Noire par cinq embouchures, après un cours d'environ 2,790 kil.

Questionnaire. — Quel pays désigne-t-on sous le nom d'Allemagne? — De quoi se compose la confédération germanique? — Quelles sont les principales montagnes de l'Allemagne? — En combien de versants ces montagnes la partagent-elles? — Quels sont les principaux fleuves du versant de la mer Baltique? — Et du versant de la mer du Nord? — Et du versant de la mer Noire?

I. — Confédération Germanique.

Population : 15,169,000 habitants.
Superficie : 576,500 kilomètres carrés.

Division. — La *Confédération germanique* se compose de 40 États de fort inégale grandeur, indépendants les uns des autres et réunis pour leur défense et leurs intérêts communs. Les villes principales sont :

Lubeck jadis capitale de la *Ligue hanséatique*, très-commerçante ; 44,000 hab.

Hambourg, sur l'Elbe, autrefois une des plus florissantes villes de l'Allemagne, fait un commerce immense; le maréchal Davoust y soutint un siége mémorable en 1813; 190,000 hab.

Brême, sur le Wéser, très-industrieuse et commerçante.

Dresde, belle et grande ville, sur l'Elbe, souvent ravagée par les guerres; 75,000 hab.

Leipsig, fait un commerce immense de librairie; 55,000 hab.

Iéna, fameuse par son université et par une grande victoire de Napoléon sur les Prussiens, en 1808.

Mayence, dans un pays superbe, sur le Rhin, est industrieuse et bien fortifiée : patrie de Guttenberg, inventeur de l'imprimerie ; 32,000 hab.

Baden, très-jolie petite ville, dans une position charmante, a des sources d'eaux thermales très-fréquentées.

Francfort, considérée comme la capitale de l'Allemagne, fait un immense commerce de banque et d'entrepôt ; patrie de l'immortel Gœthe ; 73,000 hab.

Munich, grande et superbe ville, centre d'une fabrication considérable d'instruments renommés d'optique et de mathématiques ; elle possède de nombreux établissements scientifiques ; 128,000 hab.

Nuremberg, surtout intéressante par ses nombreuses fabriques de jouets d'enfants et célèbre par plusieurs inventions qui y ont eu lieu, notamment celle des montres ; 40,000 hab.

Questionnaire. — Quelle est la population de la Confédération germanique ? — Quelle en est la superficie ? — De combien d'États se compose la Confédération germanique ? — Quelles en sont les principales villes ?

II. — Prusse.

Population : 17,000,000 d'habitants.
Superficie : 277,500 kilomètres carrés.

Ce royaume, composé de diverses provinces disséminées dans le nord et l'ouest de l'Allemagne, est de fondation toute moderne. Il est compris dans les versants de la mer Baltique et de la mer du Nord. Ses principales villes sont :

Munster, dans la Westphalie, surtout célèbre par le fameux traité qui y fut conclu, en 1648, entre les plus grandes puissances de l'Europe ; 20,000 hab.

Cologne, sur le Rhin, ville très-forte, très-ancienne et très-célèbre, possède une cathédrale superbe. L'eau spiritueuse, si connue sous le nom d'*Eau de Cologne*, y fut inventée ; patrie du célèbre Rubens ; 100,000 hab.

Coblentz, ville forte, au confluent du Rhin et de la

Moselle, dans un territoire riche en sites variés et pittoresques ; 14,000 hab.

Aix-la-Chapelle, ville très-ancienne, résidence habituelle de Charlemagne et considérée comme le siége de
son empire ; plusieurs traités célèbres y ont été signés ;
48,000 hab.

Magdebourg, sur l'Elbe, grande et belle ville, une des
plus fortes de l'Europe, est très-industrieuse, et fait un
immense commerce de commission ; 55,000 hab.

Berlin, capitale de la Prusse, l'une des villes les plus
savantes du monde, très-industrieuse et très-commerçante ; 430,000 hab.

Stettin, place forte et bon port sur l'Oder.

Breslau, aussi sur l'Oder, ville grande et très-commerçante, possède une université célèbre; 112,900 hab.

Questionnaire. — Quelle est la superficie de la Prusse ? —
Quelle en est la population? — De quoi se compose ce royaume? —
Quelles en sont les principales villes?

III. — Empire d'Autriche.

Population : 34,000,000 d'habitants.
Superficie : 671,500 kilomètres carrés.

L'empire d'*Autriche* comprend un grand nombre de
peuples et de pays très-divers : 1. *pays allemands* ;
2. *pays polonais;* 3, *pays hongrois, pays italiens qui
comprennent la Vénétie.*

Nous citerons parmi les villes les plus remarquables :

Vienne, sur le Danube, capitale de l'empire, et la plus
grande ville de l'Allemagne; elle fut prise par les Français en 1809. C'est à Vienne que s'est tenu, en 1815, le
fameux congrès qui a fixé les limites actuelles des puissances européennes. Dans les environs se trouvent les
bourgs d'*Essling* et de *Wagram*, célèbres par nos fastes
militaires ; 475,000 hab.

Trieste, sur la mer Adriatique, est le principal port de
l'empire d'Autriche ; 70,000 hab.

Trente, sur l'Adige, est surtout fameuse par le grand

concile qui s'y tint contre les protestants, au xvi⁰ siècle ;
12,000 hab.

Prague, capitale de la Bohême, très-grande ville dont
le commerce est considérable ; elle est riche en souvenirs historiques ; 120,000 hab.

Brunn, place forte, a de nombreuses et importantes
fabriques de draps ; dans ses environs, on remarque
Austerlitz, village fameux par la victoire de Napoléon sur
les Russes et les Autrichiens, en 1805 ; 42,000 hab.

Lemberg, dans la Gallicie, fort industrieuse, entrepôt
du commerce de Vienne avec les ports de la mer Noire ;
60,000 hab.

Pesth, sur le Danube, la plus importante ville de la
Hongrie par son commerce et par son industrie :
85,000 hab.

Péterwardein, aussi sur le Danube, l'une des plus
fortes places de l'Europe, célèbre par une grande victoire
remportée sur les Turcs par le prince Eugène, en 1716.

Venise, ancienne capitale de l'une des républiques les
plus puissantes du monde, encore aujourd'hui, quoique
déchue, l'une des villes les plus commerçantes et les
plus belles de l'Europe. Elle est bâtie sur pilotis, au milieu des lagunes de l'Adriatique ; des canaux y tiennent
lieu de rues et les gondoles de voitures ; 125,000 hab.

Climat et productions de l'Allemagne. — L'Allemagne est un pays généralement assez fertile ; le climat est
froid et humide vers les côtes maritimes et sur les bords
du Danube, malsain dans quelques parties de la Bohême
et de la Hongrie, très-froid près des montagnes, tempéré
partout ailleurs. Les richesses minérales sont abondantes
et variées dans cette intéressante contrée qui produit
toutes les espèces de céréales, fruits, lin, chanvre, tabac,
vin, etc.

Industrie et commerce. — Depuis un siècle, toutes
les branches de l'industrie ont fait de grands progrès en
Allemagne ; on vante surtout les draps, les tissus de coton, les soieries, les ouvrages d'orfévrerie, l'ébénisterie,
la quincaillerie.

Le commerce a pris un accroissement considérable.

grâce à de belles routes bien entretenues, à des canaux et à des chemins de fer très-importants et à un grand nombre de fleuves navigables.

Questionnaire. — Quelle est la population de l'empire d'Autriche? — Quelle en est la superficie? — Quels sont les peuples et les pays qui se trouvent compris dans l'empire d'Autriche? — Quelles sont les principales villes de l'Autriche? — Quels sont l'industrie et commerce de l'Autriche?

IX

HOLLANDE.

Population : 3,400,000 d'habitants.
Superficie : 35,550 kilomètres carrés.

Le royaume de *Hollande* (1), longtemps accablé sous la domination espagnole, se révolta enfin contre le terrible duc d'Albe, en 1379.

Limites. — Il est borné au Nord et à l'Ouest par la mer du Nord; au Sud par la Belgique, et à l'Est par l'Allemagne.

Versants, fleuves. — La Hollande appartient tout entière au versant de la mer du Nord, et son fleuve principal est le Rhin, dont nous avons décrit le cours.

Il n'y a point de montagnes dans ce pays, sujet à de fréquentes inondations :

Divisions. — La Hollande se divise administrativement en douze provinces, dont les villes principales sont :

Amsterdam, aujourd'hui la ville la plus considérable du royaume et l'entrepôt de toutes les marchandises du pays du Nord : elle était autrefois la place la plus commerçante du globe; 240,000 hab.

La Haye, résidence habituelle des rois des Pays-Bas et siége des Etats généraux; 65,000 hab.

(1 Le nom de Hollande signifie *pays creux.*

Harlem, avec une magnifique cathédrale.

Leyde, sur le vieux Rhin, célèbre par ses manufactures de draps et par son université.

Rotterdam, sur la Meuse, ville très-commerçante, patrie du savant Erasme; 80,000 hab.

Utrecht, sur le Rhin, très-industrieuse, surtout célèbre par plusieurs traités de paix qui y ont été signés; 45,000 hab.

Luxembourg, l'une des places les plus fortes de l'Europe, souvent prise et reprise dans les nombreuses guerres qui ont désolé ce pays,

Climat, productions. — La *Hollande*, dont le climat est brumeux et humide, abonde en excellents pâturages, et on y cultive avec succès le blé, le lin, la garance, le tabac, etc. L'horticulture y est poussée à un haut degré de perfection.

Industrie et commerce. — L'industrie est très-active dans ce pays; elle consiste principalement en toiles, blanchisseries, papeteries, draps, étoffes de soie, velours, etc.; le commerce y est considérable.

Questionnaire. — Quelle est la population de la Hollande? — Quelle en est la superficie? — Quelles en sont les bornes? — Et les versants et les fleuves? — Comment se divise la Hollande? — — Quelles en sont ses principales villes? — Quels sont le climat, les productions, l'industrie et le commerce de la Hollande?

<hr>

X

BELGIQUE.

Population : 4,600,000 d'habitants.
Superficie : 29,625 kilomètres carrés.

Position. — La Belgique, placée entre la Hollande, la mer du Nord, la France et l'Allemagne, forme, seulement depuis 1830, une monarchie indépendante.

Elle appartient, comme la Hollande, au versant de la mer du Nord et ne renferme, non plus, aucune montagne ; ses fleuves remarquables sont la *Meuse* et l'*Escaut* dont nous avons décrit les cours.

Divisions. — La Belgique comprend neuf provinces dont les villes importantes sont :

Bruxelles, capitale du royaume, grande et belle ville, très-industrieuse et très-commerçante, surtout en librairie. Dans ses environs, on admire le village de *Lacken*, qui possède un magnifique château où le roi réside souvent; 160,000 hab.

Anvers, grande ville et port fameux : 105,000 hab.

Louvain, célèbre par son université et ses brasseries; 27,000 hab.

Gand, au confluent de la Lys et de l'Escaut, la plus grande ville de la Belgique et la plus importante par son commerce et par son industrie; 110,000 hab.

Bruges, aussi très-industrieuse et très-commerçante; 45,000 hab.

Mons, ville forte, dans les environs de laquellle se trouvent des mines de houille très-considérables ; 29,000 hab.

Tournay, sur l'Escaut, avec de nombreuses manufactures de tapis, de toiles, etc. Dans les environs, on remarque *Jemmapes*, *Fleurus* et *Fontenoy*, villages célèbres dans nos fastes militaires ; 29,000 hab.

Liége, surtout intéressante par ses belles manufactures d'armes, de glaces, de cristaux et de draps : c'est une ville importante; 90,000 hab.

Namur, ville forte.

Canaux, chemins de fer. — De nombreux canaux et un admirable réseau de chemins de fer couvrent la Belgique et rattachent entre elles les villes les plus importantes.

Climat, productions. — La Belgique est un pays généralement plat, fertile et bien cultivé. Il produit en grande quantité du lin, du chanvre, du tabac, du blé, etc. On y trouve de riches mines de fer et de houille; le climat est le même que celui du nord de la France.

Industrie et commerce. — L'industrie est variée et très-active, le commerce très-florissant.

Questionnaire. — Quelle est la population de la Belgique ? — Quelle en est la superficie ? — Où se trouve placée la Belgique ? — A quel versant appartient-elle ? — Quels sont ses fleuves remarquables ? — Comment se divise la Belgique ? — Quelles en sont les principales villes ? — La Belgique a-t-elle des canaux et des chemins de fer ? Quels sont le climat, les productions, l'industrie et le commerce de la Belgique ?

XI

SUISSE.

Population : 2,400,000 habitants.
Superficie : 31,600 kilomètres carrés.

La *Suisse* ou *Confédération helvétique*, longtemps despotiquement asservie par l'Autriche, se rendit indépendante au xive siècle : elle se divise aujourd'hui en 22 cantons, qui forment une *confédération* ou *ligue*, pour leur défense commune.

Position. — La Suisse est placée presque au centre de l'Europe, ayant l'Allemagne au Nord et à l'Est, l'Italie au Sud et la France à l'Ouest.

Montagnes. — Les Alpes la couvrent presque tout entière, surtout vers l'Ouest. Les points culminants sont : le mont *Rosa*, le *Grand Saint-Bernard*, le mont *Saint-Gothard* et le *Simplon*.

Fleuves et versants. — Les Alpes partagent la Suisse en trois versants principaux : 1° versant de la mer du Nord ; 2° versant de la Méditerranée ; 3° versant de la mer Adriatique.

Les fleuves et rivières remarquables sont :

Le *Rhin*, le *Rhône* et le *Tessin*.

La plupart des cantons de la Suisse portent le nom de leurs chefs-lieux. Nous citerons seulement :

Bâle, sur le Rhin, industrieuse et commerçante ; 22,000 hab.

Zurich, dans un site admirable, avec de nombreuses fabriques d'étoffes ; 14,000 hab.

6.

Altorf, le berceau de la liberté helvétique et la patrie de Guillaume Tell.

Schwytz, qui a donné son nom à la Suisse.

Lucerne, ville très-commerçante, sur le lac des *Quatre Cantons*; 8,000 hab.

Berne, jolie ville, l'une des plus considérables de la Suisse ; 23,000 hab.

Fribourg fait un grand commerce de bestiaux et de fromages de Gruyère ; 9,000 hab.

Lausanne, admirablement située sur le lac de Genève, très-industrieuse ; 15,000 hab.

Genève, sur le lac du même nom, la ville la plus importante de toute la Suisse, possède de belles fabriques d'horlogerie, de bijouterie et de nombreux établissements d'instruction publique ; 29,000 hab.

Climat et productions. — La Suisse est le pays le plus élevé et le plus pittoresque de l'Europe ; on y trouve les principaux sommets des Alpes, qui de là projettent leurs ramifications en Italie, en Allemagne, en France ; elle est célèbre par la beauté et la variété des sites ainsi que par la salubrité de l'air, mais le climat est généralement froid et humide, et le sol peu fertile. Cependant les plateaux de médiocre hauteur et les vallées produisent des céréales et offrent d'excellents pâturages qui nourrissent de nombreux troupeaux.

Industrie et commerce. — L'industrie est assez développée dans quelques cantons, notamment dans ceux de Genève, de Neufchâtel, de Bâle, de Zurich, etc. Le commerce de transit est considérable.

Questionnaire. — Quelle est la population de la Suisse ? — Quelle en est la superficie ? — Quel autre nom donne-t-on encore à la Suisse ? — A quelle puissance était asservie la Suisse ? — A quelle époque s'est-elle rendue indépendante ? — Comment se divise-t-elle aujourd'hui ? — Quelles sont les principales montagnes de la Suisse ? — Quels sont les principaux versants de la Suisse ? — Et ses principaux fleuves ? — Et ses principales villes ? — Son climat, son industrie et son commerce ?

XII

PORTUGAL.

Population : 3,750,000 d'habitants.
Superficie : 102,700 kilomètres carrés.

Position. — Le Portugal, l'un des Etats les plus florissants de l'Europe au XVIe siècle, n'a presque plus aucune importance aujourd'hui. Il est placé entre l'Espagne et l'Océan et se divise en 6 provinces.

Montagnes. — Deux chaînes de montagnes se rattachent aux monts hispaniques, en couvrent une partie: on les nomme la *sierra d'Estrella*, et la *sierra de Monchique.*

Parmi les villes remarquables nous citerons:

Lisbonne, sur le Tage, capitale du Portugal, l'un des plus vastes et des meilleurs ports de l'Europe; 290,000 hab. Elle fut presque entièrement détruite par un tremblement de terre, en 1755.

Oporto ou *Porto*, sur le Douro, la deuxième ville du royaume, exporte beaucoup de vins, surtout en Angleterre; elle s'appelait autrefois *Portus-Calle* d'où *Portugal;* 62,000 hab.

Coïmbre, surtout fameuse par son antique université.

Climat. productions. — Le climat du Portugal est très-chaud sur la côte, mais délicieux dans l'intérieur et généralement très-sain. Le sol est fertile, mais assez mal cultivé, il produit tous les fruits du midi, surtout beaucoup d'orangers, et l'on y récolte des vins renommés.

Industrie et commerce. — L'industrie est encore peu développée en Portugal et le commerce a beaucoup perdu de son ancienne splendeur.

Questionnaire. — Quelle est la population du Portugal? — Quelle est sa superficie territoriale? — Quelle est la position du Portugal? — Et les principales chaînes de montagnes? — Et les principales villes? — Et le climat, les productions, l'industrie, le commerce?

XIII

ESPAGNE.

Population : 14,200.000 d'habitants.
Superficie : 474,000 kilomètres carrés

L'*Espagne*, longtemps florissante sous la domination maure, au moyen âge, plus tard, Etat prépondérant en Europe et possédant en Amérique et dans les Indes d'immenses et riches territoires, ne conserve aujourd'hui presque plus aucun vestige de son ancienne splendeur.

Position. — Elle est située entre l'océan atlantique et la France au Nord, la Méditerranée à l'Est et au Sud, le Portugal à l'Ouest.

Montagnes. — Elles sont très-nombreuses en Espagne, on y distingue cinq grandes chaînes principales, savoir :

1. Les *Pyrénées*, qui la séparent de la France au Nord, puis se continuent à l'Ouest, sous le nom de *monts Cantabres*;

2. La *chaîne ibérique*, qui se détache des monts précédents et partage l'Espagne en deux versants : celui de la *Méditerranée* et celui de l'*Océan*;

3. La *chaîne lusitanique*, entre le Tage et la Guadiana ;

4. La chaîne de la *Sierra Morena*, entre la Guadiana et le Guadalquivir;

5. La chaîne *bétique*, entre le Guadalquivir et la mer.

Fleuves. — Le Portugal appartient tout entier, ainsi qu'une grande partie de l'Espagne, au versant de l'Océan atlantique.

Les principaux fleuves sont :

Le *Minho*, qui sort des monts Cantabres et sépare l'Espagne du Portugal;

Le *Douro*, qui prend sa source aux monts Ibériens et passe à Porto ;

Le *Tage*, qui baigne Aranjuez, Tolède, Alcantara, pénètre en Portugal et se jette dans l'Océan au dessous de Lisbonne ;

La *Guadiana*, qui a la même origine que les deux fleuves précédents et arrose Badajoz.

Le *Guadalquivir*, qui sort de la *Sierra Morena*, en Andalousie, passe à Cordoue et à Séville.

Le seul fleuve remarquable du versant de la Méditerranée est l'*Ebre*, qui prend sa source aux monts *Cantabres* et baigne Saragosse.

Divisions. — On divise aujourd'hui l'Espagne en 12 gouvernements généraux comprenant 48 intendances civiles, qui portent tous le nom de leurs chefs-lieux.

Les villes importantes sont :

Madrid, capitale de l'Espagne, grande ville industrieuse et commerçante; on admire dans les environs les superbes palais du *Prado*, de l'*Escurial* et de la *Granja*; 260,000 hab.

Tolède, sur le Tage, autrefois très-considérable.

Salamanque, surtout célèbre par son antique université, longtemps très-florissante.

La *Corogne*, avec un excellent port militaire sur l'Océan, fait un grand commerce de cigares renommés.

Badajoz, boulevard de l'Espagne du côté du Portugal, a un magnifique port sur la Guadiana.

Séville, dans un site admirable, au milieu d'une vaste plaine couverte de plantations d'oliviers et arrosée par le Guadalquivir, ville fort ancienne et encore très-importante ; 90,000 hab.

Cadix, ville très-forte, avec un vaste port très-fréquenté. Dans les environs se trouve *Xérès*, surtout célèbre par son excellent vin ; 55,000 hab.

Gibraltar, place imprenable, au pied d'un rocher escarpé ; elle appartient aux Anglais.

Cordoue, sur le *Guadalquivir*, fut très-florissante sous les Maures ; 55,000 hab.

Grenade, au milieu d'une plaine fertile, parsemée de jardins et de bosquets, fut aussi très-considérable sous les Maures et conserve encore de superbes restes de leur domination ; 80,000 hab.

Malaga, renommée par ses vins, son bon port et son heureux climat ; 52,000 hab.

Valence, grande et belle ville, très-industrieuse et très-commerçante, renferme une foule d'édifices somptueux ; 80,000 hab.

Alicante, surtout renommée pour son excellent vin.

Barcelone, belle place maritime, la plus forte et la plus industrieuse de l'Espagne ; 150,000 hab.

Saragosse, sur l'Ebre, surtout fameuse par le siége héroïque qu'elle soutint contre les Français en 1809 ; 40,000 hab.

Pampelune, ville forte, très-ancienne, souvent ravagée dans les nombreuses guerres qui ont désolé l'Espage.

Palma, le chef-lieu des *Iles Baléares*, voisines de l'Espagne, fait un bon commerce.

Climat, productions. — Le climat de l'Espagne est tempéré dans l'intérieur et sur les côtes de l'Océan, très-chaud et brûlant dans le royaume de Grenade et dans l'Andalousie. Le sol généralement fertile, mais assez mal cultivé, fournit au nord les productions de la France méridionale, et au midi, des vins liquoreux, des orangers, des citronniers, des lauriers gigantesques, etc. On y élève beaucoup de bétail et surtout des brebis à laine très-fine dites *mérinos*, importées en France.

Industrie et commerce. — L'industrie est encore fort arriérée en Espagne ; cependant elle paraît se développer depuis quelques années ; le commerce y est entravé par la difficulté des communications.

Questionnaire. — Quelles sont la population et la superficie de l'Espagne ? — Cette puissance n'est-elle point déchue de son ancienne grandeur ? — Quelle est la position de l'Espagne ? — Quelles en sont les principales chaînes de montagnes ? — Et les principaux fleuves ? — Comment se divise l'Espagne ? — Quelles sont ses principales villes ? — Quels sont le climat, les productions, l'industrie et le commerce de l'Espagne ?

XIV

ITALIE

Population : 22,000,000 d'habitants.
Superficie : 310,116 kilomètres carrés.

Notions générales. — L'*Italie*, autrefois le berceau de la civilisation, fut longtemps très-florissante, et Rome sa capitale, la capitale du monde. Pendant longtemps dans la plus complète décadence, elle semble, depuis la guerre de 1859, qui lui a rendu son indépendance, vouloir reprendre rang parmi les grandes puissances de l'Europe.

Les divers États dont elle était composée se sont groupés autour de l'ancien royaume de Sardaigne, sous le sceptre de Victor-Emmanuel, auquel le parlement a décerné le titre de *roi d'Italie*. Ce royaume comprend :

Les anciens États Sardes ;

La Lombardie ;

Les duchés de Modène, de Lucques, de Toscane, le royaume de Naples et la Sicile, les Romagnes, les Marches et l'Ombrie détachées des États de l'Église.

Limites. — L'Italie a la forme d'une botte et se trouve placée entre la Suisse et l'Autriche, au Nord ; la Méditerranée, au Sud ; l'Autriche et la mer Adriatique à l'Est ; la France et la Méditerranée à l'Ouest.

Montagnes. — L'Italie renferme deux grandes chaînes de montagnes, savoir :

1. Les *Alpes méridionales*, au Nord ;

2. Les *Apennins*, qui s'en détachent et traversent toute l'Italie du Nord au Sud, la partage en deux versants : celui de l'Adriatique.

Fleuve. — Dans la Méditerranée se jettent :

L'*Arno*, qui prend sa source en Toscane et passe à Florence ;

Le *Tibre*, qui sort des Apennins, arrose les États de l'Église et passe à Rome.

Dans la mer Adriatique :

Le *Pô*, qui naît dans les Alpes, traverse les Etats Sardes, baigne Turin, Plaisance et Crémone.

L'*Adige*, qui arrose Vérone.

Les villes remarquables sont :

Turin, capitale du royaume, l'une des plus belles villes de l'Europe, possède de beaux monuments, une université célèbre et fait un bon commerce ; 136,000 hab.

Gênes, surnommée *la Superbe*, fut, au moyen-âge, l'une des plus puissantes républiques de l'Italie ; elle a un très-beau port et fait un grand commerce ; les Français y soutinrent en 1800, contre les Autrichiens, un des siéges les plus mémorables des temps modernes ; patrie de Christophe Colomb ; 100,000 hab.

Alexandrie, ville très-forte, dans les environs de laquelle se trouve le célèbre village de Marengo.

Cagliari, dans l'île de Sardaigne, est industrieuse et commerçante ; 35,000 hab.

Milan, l'une des plus belles ville de l'Italie ; elle a une foule de monuments superbes, et fait un grand commerce ; 200,000 hab.

Brescia, ville très-forte, renommée par ses nombreuses fabriques d'armes à feu.

Mantoue, presque imprenable, au milieu d'un lac formé par le Mincio, patrie de Virgile.

Pavie, sur le Tessin, autrefois importante.

Florence, sur l'Arno, très-industrieuse, possède un grand nombre de monuments superbes ; 160,000 hab.

Livourne, excellent port sur la Méditerranée, fait un bon commerce maritime avec le Levant, la France et l'Angleterre ; 75,000 hab.

Pise, autrefois république florissante, possède une université célèbre et des monuments extrêmement remarquables qui attestent son antique splendeur, 22,000 h.

Lucques, ville fort belle et fort commerçante ; 24,000 h.

Ravenne, très-considérable au moyen-âge ; 24,000 h.

Ancône, place forte, sur l'Adriatique ; 35,000 h.

7. *République de Saint-Marin* (7,000 hab.). C'est un petit Etat, très-ancien, enclavé dans les Etats de l'Eglise,

et sous la protection du pape ; il n'y a point de villes remarquables.

Naples, dans une situation délicieuse, avec un excellent port sur la Méditerranée ; c'est la plus grande ville de l'Italie : 480,000 hab.

Palerme, grande et belle ville, ancienne capitale de la Sicile, dans une belle position ; 175,000 hab.

Messine, très-fortifiée, excellent port ; 95,000 hab.

Près de Naples se trouve le *Vésuve*, célèbre montagne volcanique, et près de Palerme, en Sicile, l'*Etna*.

Les Etats de l'Eglise, capitale *Rome*.

Rome, sur le Tibre, résidence du pape et capitale du monde chrétien ; c'est une des villes les plus remarquables de l'univers par le grand nombre et la magnificence de ses monuments anciens et modernes et par ses souvenirs historiques ; 185,000 hab.

Civita-Vecchia, ville forte et port très-fréquenté, sur la Méditerranée.

Climat, productions. — L'Italie est célèbre par la douceur et la beauté de son climat. Le sol varie, mais il est généralement fertile, surtout en Lombardie et dans le royaume de Naples, dont les huiles et les oranges jouissent d'une renommée européenne.

Industrie et commerce. — L'activité des habitants ne répond pas complétement à tant de ressources, surtout au centre et au midi ; l'agriculture y est arriérée, le commerce et l'industrie peu développés.

Questionnaire. — Quelles sont la population et la superficie de l'Italie ? — Et les bornes ? — Et les chaines de montagnes ? — Et les fleuves ? — Et les principales villes ? — Quels Etats comprend l'Italie depuis la guerre de 1859 et la paix de Villafranca ? — Quels sont le climat, les productions, l'industrie et le commerce de l'Italie ?

XV

TURQUIE D'EUROPE.

Population : 15,500,000 habitants.
Superficie : 395,000 kilomètres carrés.

Position. — Cette vaste contrée, qui comprend une grande partie du vieil empire d'Alexandre, est aujourd'hui plongée dans un état d'abrutissement difficile à dire, après avoir été longtemps florissante.

Limites. — Elle a pour bornes :

Au Nord, l'empire d'Autriche et la Russie ;

A l'Est, la mer Noire et le détroit de Constantinople ;

Au Sud, l'Archipel et la Grèce ;

A l'Ouest, la Méditerranée, la mer Adriatique et l'empire d'Autriche.

Montagnes. — Deux principales chaines de montagnes parcourent la Turquie d'Europe :

1. Les monts *Krapacks*, au Nord ;

2. Les monts *Balkans* qui sillonnent toute la partie centrale de l'Ouest à l'Est.

Versants. — On en distingue trois principaux :

1. Le versant de la mer Noire, le plus considérable.

2. Celui de la Méditerranée ;

3. Et enfin le versant de l'Adriatique.

Fleuves. — Un seul fleuve important se jette dans la mer Noire : c'est le Danube, dont nous avons déjà décrit le cours.

Nous citerons parmi les villes remarquables :

Constantinople, capitale de l'empire ottoman, sur le détroit du même nom, dans une situation admirable : elle possède un vaste port, l'un des plus sûrs de l'Europe. Cette ville, encore aujourd'hui très-intéressante, joua, dès les temps les plus anciens, un rôle important ; 600,000 hab.

Gallipoli, avec un port très-commerçant à l'entrée du

détroit des Dardanelles, fabrique les meilleurs maroquins de la Turquie; 80,000 hab.

Salonique, sur le golfe de ce nom, la deuxième place de commerce de la Turquie; 60,000 hab.

Andrinople, admirablement située et très-industrieuse; 100,000 hab.

Bosna-Séraï, centre d'un grand commerce qui se fait par caravanes; 60,000 hab.

Janina, capitale de l'Albanie, dans une situation délicieuse, devenue fameuse et florissante dans ces derniers temps.

Beglrade, sur le Danube, célèbre par plusieurs batailles, est très-commerçante; 30,000 hab.

Iles. — Plusieurs îles importantes dépendent de la Turquie d'Europe. Nous citerons seulement *Candie*, ancienne *Crète*, autrefois si célèbre.

Climat, productions. — Le territoire généralement très-montagneux de la Turquie d'Europe, y rend la température moins chaude que la latitude semble d'abord l'annoncer. Entre ces montagnes s'ouvrent des vallées délicieuses et des plaines très-fertiles où règne un doux climat et où croissent en abondance les orangers, les grenadiers, les oliviers, etc. L'agriculture est partout très-négligée.

Industrie et commerce. — L'industrie est fort arriérée dans ce pays. Les produits principaux, particuliers seulement à quelques villes, sont les maroquins et les cuirs, les tissus et les armes. Le commerce est aux mains des Européens.

Questionnaire. — Quelles sont la population et la superficie de la Turquie d'Europe? — Quelle est aujourd'hui la situation de cette contrée? — Quelles en sont les bornes? — Et les fleuves? — Et les villes principales? — Et les îles? — Et le climat, les productions, l'industrie et le commerce?

XVI

GRÈCE.

Population : 1,000,000 habitants.
Superficie : 47,400 kilomètres carrés.

La *Grèce* ou *Hellas*, ce berceau de la civilisation européenne, qu'une lutte héroïque a naguère arraché au joug des Turcs après trois longs siècles d'un dur esclavage, formait autrefois plusieurs républiques très-célèbres.

Position. — Elle est placée entre la Turquie d'Europe, l'Archipel et la Méditerranée.

Montagnes. — La chaîne hellénique, ramification des monts Balkans, forme le *Pinde*, le *Parnasse*, l'*Hélicon*, l'*Œta*, le *Taygète*, etc., si célèbres dans la fable.

Versants. — Il n'y a qu'un seul versant, celui de la Méditerranée, dont les cours d'eau sont peu considérables.

Division. — On divise aujourd'hui généralement la Grèce en trois parties principales, savoir : la *Grèce* propre, la *Morée* et les *îles*.

Les villes remarquables sont :

Athènes, chef-lieu de l'Attique et capitale de toute la Grèce, autrefois la patrie des lettres et des beaux-arts. Elle a vu naître Solon, Miltiade, Thémistocle, Aristide, Périclès, Alcibiade, Démosthène ; 25,000 hab.

Lepente, ville très-forte, sur le golfe du même nom, surtout célèbre par une grande victoire navale que don Juan d'Autriche y remporta sur les Turcs en 1571 ;

Corinthe, sur un isthme, centre d'un bon commerce, jadis très-florissante.

Nauplie, une des places les plus importantes de la Grèce moderne.

Navarin, surtout fameuse par l'éclatante victoire que les flottes combinées de la France, de l'Angleterre et de la Russie remportèrent sur les Turcs en 1827.

L'île de *Négrepont*, ancienne *Eubée*, est grande et très-fertile.

Climat, productions. — La Grèce offre des aspects variés, des points de vue admirables ; le climat est délicieux, surtout dans l'Attique, et le sol, bien que montagneux, est fertile ; mais depuis la guerre de l'indépendance, la culture est partout négligée.

Industrie et commerce. — L'industrie est encore sans importance en Grèce ; elle ne s'exerce guère que sur la préparation de la soie et la fabrication de l'huile.

Iles Ioniennes. — Les îles Ioniennes, répandues sur la côte occidentale de la Turquie et de la Grèce, forment, depuis 1814, une espèce de république sous la domination de l'Angleterre.

On remarque : *Corfou*, qui fait un assez grand commerce, et *Céphalonie*, la plus considérable des îles Ioniennes, belle et fertile.

Questionnaire. — Quelles sont la population et la superficie de la Grèce ? — Quelle est la position de cette contrée ? — Et les versants ? — Et les montagnes ? — Comment se divise la Grèce ? — Quelles sont ses principales villes ? — Quels sont son climat, ses productions, son industrie, son commerce ? — Qu'est-ce que les îles Ioniennes ? — Quelles sont les plus importantes de ces îles ?

XVII

ASIE.

Population : 750,000,000 d'habitants.
Superficie : 41,600,000 kilomètres carrés,

Position. — L'Asie est située à l'E. de l'Europe ; l'isthme de Suez la sépare de l'Afrique, et le détroit de Béhring de l'Amérique.

Ses bornes sont : au N., la mer Glaciale ;

A l'O., les monts Ourals, la mer Caspienne, la mer Noire, le détroit de Constantinople, le détroit des Dardanelles, la mer Rouge ;

Au S., la mer des Indes, qui forme les trois grands golfes : *Persique*, d'*Oman* et du *Bengale* ;

A l'E., le grand Océan, qui forme les mers de la *Chine*, *Bleue*, *Jaune*, du *Japon*, d'*Okhostk* et de *Béhring*.

Montagnes. — Les principales chaînes de montagnes sont :

1° Les monts *Ourals*, entre l'Europe et l'Asie, auxquels se rattache une ramification qui va rejoindre les monts *Altaï;*

2° Les monts *Caucase*, entre la mer Noire et la mer Caspienne, auxquels se rattachent diverses chaînes, dont les plus considérables sont : le *Caucase indien* et les monts de la *Perse* qui se lient eux-mêmes aux monts Altaï par le mont *Bélur*, le *Taurus* et le *Liban;*

3° Les monts *Altaï* et *Stanovaï*, qui séparent la Tartarie de l'empire chinois et de la Sibérie;

4° Les monts du *Thibet* et de l'*Himalaya*, au N. de l'Indoustan et de l'Indo-Chine;

5° Les monts *Ghates*, dans l'Indoustan;

6° Les monts *Mogs*, dans l'Indo-Chine.

Versants. — Ces chaînes de montagnes divisent l'Asie en quatre grands versants principaux :

1° *Versant de la mer Glaciale.* — Il comprend toute la Sibérie et renferme un assez grand nombre de bassins, dont les principaux sont ceux de l'*Obi*, de l'*Iénisséi* et de la *Léna.*

L'*Obi* arrose Tobolsk, capitale de la Sibérie occidentale.

L'*Iénisséi* passe à Bronsk, capitale de la Sibérie orientale, et la *Léna* baigne Jakouts.

3° *Versant de l'Ouest* — Les fleuves de ce versant sont peu importants : nous citerons :

Le *Jourdain*, qui traverse le fameux lac de *Tibériade* (Tabariek), et se jette dans la mer *Morte* ou lac *Asphaltite.*

Le *Kilon* qui arrose la fertile vallée d'*Esdrelon*, où l'on remarque *Cana* et *Nazareth.*

3° *Versant du Sud.* — Il renferme un très-grand nombre de fleuves; les plus considérables sont :

Le *Tigre*, qui sort du mont Taurus, arrose Moussul et Bagdad;

L'*Euphrate* traverse un désert où se trouvent les ruines de *Palmyre*, baigne *Hellah*, bâtie sur les ruines de Babylone, reçoit le Tigre, prend alors le nom de *Chat-*

l-Arab, et se jette dans le golfe Persique par plusieurs embouchures ;

Le *Sind* ou *Indus* arrose une partie de l'Indoustan, qu'il sépare de la Perse, et se jette dans le golfe d'Oman ;

Le *Gange* baigne Bénarès et se jette dans le golfe de Bengale par un grand nombre d'embouchures, qui arrosent *Chandernagor* et *Calcutta* ; c'est le fleuve saint des Indous ;

L'*Iraouaddy*, qui descend des monts Himalaya, traverse l'empire des Birmans, arrose *Ava* et se perd dans le golfe de Bengale.

4° Versant de l'Est. — Il comprend :

Le *Cambodge*, qui finit dans la mer de la Chine ; le fleuve *Bleu*, le fleuve *Jaune*, qui arrosent l'empire chinois et vont se jeter dans les mers Bleue et Jaune ; l'*Amour*, qui traverse la *Mongolie* et la *Mandchourie*.

Notions historiques. — L'Asie a été le berceau du genre humain ; c'est entre le Tigre et l'Euphrate qu'était placé, suivant les Livres saints, le *Paradis terrestre*. Plus tard, deux grands empires se formèrent, celui des *Assyriens* et celui des *Babyloniens*, dont *Ninive* et *Babylone* étaient les capitales.

Les *Perses* subjuguèrent les Assyriens et les Babyloniens, et fondèrent sous Cyrus (537 ans av. J.-C.) une grande monarchie, détruite à son tour par les *Grecs*, sous la conduite d'Alexandre. A la mort de ce dernier, la partie de son empire située en Asie fut partagée en plusieurs royaumes dont les plus importants furent ceux de *Syrie* et des *Parthes*, détruits par les Romains.

Alors florissait un Etat puissant, la *Judée*, à jamais célèbre par la naissance, les miracles et la mort du Fils de Dieu, Jésus-Christ.

Les Arabes s'emparèrent, à leur tour, de la Syrie et de l'empire des Parthes, soumirent l'Asie jusqu'à l'*Indus* et fondèrent la monarchie des *Khalifes*, dont la capitale était Bagdad. Les Turcs les remplacèrent, étendirent encore les conquêtes des Arabes, et formèrent, en 1092, un vaste empire qui se divisa en deux parties principales : la *Perse* et l'Etat de *Roum* ou d'*Asie-Mineure*.

A cette époque, les chrétiens d'Occident entreprirent de délivrer la Terre-Sainte, le tombeau de Jésus-Christ, du pouvoir des infidèles; les *croisades* eurent lieu, et des États chrétiens s'établirent en Palestine et en Syrie. Malheureusement leur existence fut courte : le fameux Saladin les ruina d'abord, et bientôt ils furent entièrement détruits par les armées innombrables des *Mamelucks*.

Les *Mongols* renversèrent les Turcs et les Mameluks et firent, au commencement du xiiie siècle, la conquête de presque toute l'Asie sous la conduite du célèbre *Gengis-Khan*, dont les quatre fils se partagèrent les nombreux États, qui furent bientôt soumis par un nouveau conquérant, Tamerlan, l'un des émirs de l'empire des *Gengis*.

Les Portugais, les Hollandais, les Français formèrent aussi de vastes établisements en Asie, au commencement des temps modernes; ils sont peu importants aujourd'hui, et les Anglais commandent maintenant dans les *Indes*.

Divisions de l'Asie. — Nous diviserons l'Asie en 10 contrées principales, que nous allons décrire successivement.

1. SIBÉRIE. — Cette vaste contrée fait partie de l'empire russe ; c'est un pays stérile, presque inculte et couvert de glaces pendant les trois quarts de l'année.

Les Russes y ont fondé de nombreuses colonies et y exilent les criminels d'État.

Cette contrée abonde en métaux et en riches fourrures.

On y remarque : *Tobolsk*, centre d'un grand commerce entre l'Europe et l'Asie ;

Irkoutsk, entrepôt commercial entre la Russie et la Chine ;

Iakoutsk, ville très-commerçante en fourrures.

2. TURKESTAN OU TARTARIE INDEPENDANTE. — Cette immense contrée, d'où sont sortis les *Huns*, les *Alains*, les *Turcs* et tant d'autres peuples belliqueux, est occupée en grande partie par des déserts sablonneux, souvent interrompus par les plus fertiles *oasis* qui nourrissent de nombreux troupeaux. On y trouve des mines d'or, d'argent et des pierres précieuses.

Le nord du Turkestan est sous la domination russe ; le centre et le sud sont indépendants. Les villes les plus importantes sont :

Boukhara, grande ville très-commerçante, surtout célèbre par ses écoles de théologie et de médecine.

Samarkand, capitale du plus vaste empire du monde sous Tamerlan.

3. RUSSIE CAUCASSIENNE. — Cette fertile contrée est située entre la mer Caspienne et la mer Noire, et dépend de l'empire russe. Elle se divise en plusieurs provinces, dont les principales sont : la *Circassie*, la *Géorgie*, renommées par la beauté de leurs habitants ; l'*Arménie*.

Tifflis, capitale de la Géorgie, fait un grand commerce de fourrures.

4. TURQUIE D'ASIE. — Ce pays, situé entre la mer Noire et la mer Rouge, autrefois si célèbre, si peuplé, si riche, dans lequel se formèrent les plus grands empires et où le christianisme prit naissance, est presque tombé aujourd'hui dans le dernier état de misère, sous le despotisme aveugle des *Turcs* Ottomans.

Il offre des plaines sablonneuses et stériles, des vallées fertiles, mais mal cultivées, des prairies, des forêts immenses ; la température y est délicieuse, et on y récolte du blé, des fruits de toute espèce, des olives, etc.

Smyrne, sur les bords de la Méditerranée, est la ville la plus commerçante de toute la Turquie d'Asie ; les Européens y habitent un quartier particulier ;

Scutari, grande ville, en face de Constantinople dont elle est un des faubourgs ;

Angora, renommée par ses tissus ;

Moussul, surtout célèbre par ses fabriques d'étoffes ; c'est de là que vient le nom de *mousselines* ;

Bagdad, sur le Tigre, autrefois le siége du brillant empire des Khalifes, est une des villes les plus grandes, les plus fortes et les plus riches de la Turquie d'Asie ;

Damas, une des plus anciennes villes du monde, la plus industrieuse du Levant, est surtout célèbre par ses tissus de soie, ses ouvrages en nacre et les sabres auxquels elle a donné son nom. On admire dans les environs les ruines de *Tadmor* ou *Palmyre* où régna Zénobie;

Jérusalem, ville toute de souvenirs, ancienne capitale de la Palestine, a été témoin des principaux miracles du christianisme et possède le saint sépulcre;

Béthléem, où la crèche qui vit naître le Sauveur est recouverte d'une église magnifique en cèdre et en marbre rouge, bâtie par sainte Hélène, mère de l'empereur Constantin;

Alep, longtemps la plus riche et la plus importante ville de la Turquie d'Asie, fait un commerce considérable.

5. ARABIE. — *Notions générales.* C'est de l'Arabie qu'est sorti Mahomet, fondateur d'une religion qu'il a imposée par le sabre et par la force brutale. Nous ne connaissons bien que les côtes de cette contrée; l'intérieur ne présente que de vastes déserts de sables. Elle est habitée par les Arabes, qui se divisent en deux peuples : les *Arabes cultivateurs*, qui ont des demeures fixes, et les *Arabes nomades*, appelés aussi *bédouins*, qui vivent sous des tentes et errent avec leurs troupeaux.

Productions. Les côtes et les vallées sont fertiles : le café, l'encens, les bois odoriférants, la canne à sucre, le riz, le blé, etc., sont les principales productions.

Les chevaux sont très-renommés.

La Mecque, patrie de Mahomet, est regardée comme la ville sainte des Mahométans, qui doivent s'y rendre en pèlerinage une fois dans leur vie pour visiter le temple de la *Kaaba*;

Médine, la ville du Prophète, surtout fameuse par la mosquée que Mahomet y fonda et qui renferme son tombeau.

Sana, dans la contrée la plus fertile et la plus riche de l'Arabie, est la résidence d'un *Iman* (gouverneur).

Moka, ville commerçante, renommée pour son café.

6. PERSE. — *Notions générales.* Le royaume de *Perse* ou *Iran*, aujourd'hui bien déchu de ce qu'il était autre-

fois, occupe une faible partie de cette vaste contrée que possédaient les anciens Perses. Le sol est en général montueux, sec et aride ; il y a cependant aussi de délicieuses vallées et des plaines d'une admirable fertilité. Les productions principales sont le riz, les vins, la soie, les chevaux.

La Perse est gouvernée despotiquement par un prince qui porte le nom de Chah.

Elle est divisée généralement en deux parties :

1° La *Perse Occidentale* qui a pour capitale *Téhéran*, résidence habituelle du souverain ;

Ispahan, la ville la plus importante de toute la Perse.

2° La *Perse Orientale*, ou pays des *Afghans* et des *Béloutchys*, qui renferme *Candahar*, ancienne capitale de la monarchie afghane, très-florissante par son commerce ;

Caboul, résidence du souverain les plus puissant de l'Afghanistan, fait un grand commerce ;

Kélat, ville industrieuse et commerçante.

7. INDOUSTAN. — C'est une vaste presqu'île qui occupe une grande partie de l'Asie méridionale et se compose d'Etats indépendants, d'Etats alliés ou tributaires des Anglais, d'Etats anglais.

Les Français et les Portugais y ont aussi quelques établissements ; mais on peut dire que les Anglais commandent en maîtres dans cette immense contrée qu'ils ont conquise.

Climat, productions, population. — L'Indoustan est en général très-fertile ; le climat y est varié, mais toujours chaud dans les provinces méridionales. Tous les arbres fruitiers de l'Europe, et de plus, toutes les espèces de palmiers, prospèrent dans ce délicieux pays qui abonde surtout en riz, bananes, sucre, épices, pavots à opium, coton, soie, etc. On évalue sa population à 150,000,000 d'habitants.

Commerce. Les productions du sol, les diamants, les perles qu'on pêche sur les côtes, surtout près de Ceylan, les indiennes, les châles, les tapis, etc., font l'objet d'un commerce immense avec l'Europe.

1° *Etats indépendants.* On y remarque *Lahore*, ancienne résidence du Grand-Mogol, capitale de la belliqueuse confédération des Seïks ;

Cachemyr, dans une des plus belles vallées de l'Orient, surtout célèbre par les châles superbes qu'on y fabrique avec le duvet des chèvres du Thibet ;

Amretsir, la cité sainte et la ville la plus commerçante du pays.

2° *Etats alliés ou tributaires des Anglais.* — Les villes les plus importantes sont :

Nagpour, au centre de l'Indoustan, très-jolie et très-commerçante ;

Golconde, autrefois capitale d'un royaume, est surtout célèbre par le commerce des diamants que l'on trouve dans les environs.

3° *Etats anglais.* — On y remarque :

Calcutta, sur le Gange, résidence du gouverneur général des possessions anglaises, fait un commerce immense ; 600,000 hab.

Bénarès, la ville sacrée et savante des Indous, l'une des plus belles et des plus commerçantes de l'Inde ; 640,000 hab.

Délhy, ville grande et magnifique, autrefois capitale du Grand-Mogol.

Madras, sur le golfe de Bengale, est très-industrieuse et très-commerçante ; 460,000 hab.

Mazulipatam, le meilleur port de la côte de Coromandel, est surtout importante par ses manufactures d'indiennes.

Calicut ou *Calicot*, le premier port où les Portugais abordèrent, sous la conduite de Vasco de Gama, a donné son nom à des toiles de coton, aujourd'hui fort répandues en Europe.

Bombay, dans une île voisine du continent, est le centre du commerce des Anglais sur la côte occidentale de l'Indoustan ; 200,000 hab.

Surate, ville forte avec un bon port, fait un grand commerce.

4° Possessions françaises. — *Pondichéry*, ville forte avec un bon port sur la côte de Coromandel, est le centre du commerce français dans les Indes ;

Karikal, comptoir important pour le commerce des toiles ;

Chandernagor fait un bon commerce.

5° Possessions portugaises. — *Goa*, autrefois l'une des plus grandes et des plus riches cités de l'Asie, a un excellent port et fait un commerce considérable.

8. INDO-CHINE. — C'est une des contrées les plus riches du globe ; le climat y est plutôt chaud que tempéré, et favorise une végétation extraordinaire. On y trouve des mines d'or et d'argent, des pierres précieuses, etc.

Cette vaste contrée comprend cinq divisions principales : 1° l'empire des *Birmans;* 2° l'*Indo-Chine britannique;* 3° le royaume d'*An-Nam;* 4° le royaume de *Siam;* 5° la presqu'île de *Malaca.*

Les Anglais exercent aujourd'hui leur domination sur la plus grande partie du pays.

Ava est la capitale de l'empire des Birmans ;

Bankok, port de mer très-commerçant ;

Malacca, ville florissante, successivement occupée par les Portugais, les Hollandais, et enfin par les Anglais.

9. EMPIRE CHINOIS. — Le grand et puissant empire de la Chine, appelé par les indigènes le *Céleste empire*, occupe le centre et l'est de l'Asie. Il comprend trois grandes divisions principales, savoir :

1° La *Chine* proprement dite ;

2° Les *pays soumis* (*Mandchourie, Mongolie, Dzoungarie, Petite-Boukarie*) ;

3° Les *pays tributaires* (*Thibet, Boutan, Corée*).

Les peuples de cette vaste contrée sont restés isolés des autres peuples ; les sciences ont fait peu de progrès parmi eux, mais l'agriculture y est portée à un haut degré de perfection ; il n'y a presque pas de terres incultes ;

Notions générales. — *Industrie.* — Les Chinois excellent dans la fabrication de la porcelaine, du papier, des étoffes de soie, de coton, etc. ; ils exécutent avec une perfection inimitable les ouvrages de laque, d'ivoire, les fleurs artificielles, etc.

L'imprimerie est connue en Chine depuis fort long-temps.

Productions. — Le sol est généralement très-fertile et produit en abondance, toutes les plantes tropicales, principalement le thé.

Parmi les villes les plus importantes, nous citerons :

1° *Dans la Chine propre :* — *Pékin* la plus grande ville du monde, très-florissante : le palais de l'empereur y occupe, dit-on, 8 kilomètres de circonférence ;

Nankin, la ville savante de la Chine, surtout fameuse par sa tour à neuf étages, revêtue de porcelaine ; on y fabrique les meilleurs satins de la Chine ;

Canton, une des villes les plus commerçantes de l'Asie, longtemps le seul port de la Chine ouvert aux nations de l'Europe ;

Macao, ville fortifiée et port très-commerçant où les Portugais ont un établissement considérable.

2° *Pays soumis.* — *Karakorum*, d'abord capitale du fameux Gengis-Khan, dans la Mongolie.

3° *Pays tributaires.* — Le Thibet est un des plus beaux pays du monde ; c'est le siége principal d'une religion qui domine sur toute l'Asie centrale, et dont le chef se nomme *Dalaï-Lama*. Les chèvres du Thibet donnent un poil très-soyeux employé pour la fabrication des châles.

Lhasa est la capitale de ce pays.

10. JAPON. — *Notions générales.* — L'empire du Japon, situé dans le Grand-Océan, est composé de plusieurs îles, dont trois principales : *Jéso*, *Niphon* et *Kiusiu*. C'est un des premiers États de l'Asie par sa civilisation et par son industrie. L'empereur défend à ses sujets toutes relations avec les Européens ; ils ne peuvent pas même voyager ; cependant l'entrée de certains ports est permise aux Hollandais et aux Chinois, qui y sont sévèrement surveillés.

Productions. — Le sol est très-fertile et bien cultivé ; il renferme de riches mines d'or, d'argent, de cuivre, beaucoup de soufre. Les principales villes sont :

Yédo, capitale de l'empire : c'est une des villes les plus peuplées de l'Asie ;

Miaco, résidence du chef de la religion, est très-industrieuse et commerçante ;

Nangasaki, port fameux, le seul de l'empire où il soit permis aux Européens d'aborder.

Questionnaire. — Quelles sont la population et la surface de l'Asie ? — Et ses bornes ? — Et ses principales mers et chaînes de montagnes ? — Et ses principaux versants ? — Quels sont les principaux fleuves du versant de la mer Glaciale ? — Et du versant de l'Ouest ? — Et du versant du Sud ? — Quels sont les principaux peuples qui ont habité ou conquis l'Asie ? — Comment se divise l'Asie ? — Quelles sont les principales villes de la Sibérie ? — Et du Turkestan ? — Et de la Russie Caucasienne ? — Et de la Turquie d'Asie ? — et de l'Arabie ? et de la Perse ? — Et de l'Indoustan ? — Et de l'Indochine ? — Et de l'empire Chinois ? — Et du Japon ?

XVIII

AFRIQUE.

Population : 182,000,000 d'habitants.
Superficie : 29,625,000 kilomètres carrés.

Position. — L'Afrique, dont nous ne connaissons encore assez bien que les côtes, est une immense presqu'île jointe à l'Asie par l'isthme de Suez et séparée de l'Europe par le détroit de Gibraltar.

Montagnes. — Elles sont peu connues ; nous citerons :

1° L'*Atlas,* au Nord et suivant presque le littoral de la Méditerranée ;

2° Les monts de la *Lune,* au centre et s'étendant de l'Océan Atlantique à la mer des Indes.

Versants. — Ces montagnes divisent l'Afrique en quatre grands versants :

1° *Versant de la Méditerranée.* — Il comprend le *Nil.* Ce fleuve traverse la Nubie et l'Egypte, baigne *Sennaar,* le *Caire,* se divise en plusieurs branches qui forment une île appelée *Delta*, et vont se perdre dans la Méditerranée, arrosant *Rosette, Damiette, Alexandrie*.

Le Nil est sujet à des débordements périodiques auxquels on attribue la prodigieuse fécondité du sol.

2° *Versant de l'océan Atlantique*. — Il renferme le *Sénégal* et la *Gambie*, qui donnent leur nom à la *Sénégambie*; et le *Négro*, qui se jette dans le golfe de Guinée;

3° *Versant du Sud*. — Il ne comprend aucun fleuve considérable.

4° *Versant de la mer des Indes*. — On y remarque le *Zambèze*.

Divisions. — Les divisions politiques de l'Afrique sont encore bien incertaines; nous allons les décrire suivant les côtes :

I. — La BARBARIE. — Elle est comprise entre la Méditerranée et le Sahara, l'océan Atlantique et la mer Rouge.

Cette contrée renfermait autrefois des peuples célèbres :

1° Les *Égyptiens*, dont l'origine se perd dans la nuit des temps, brillaient dans les sciences, les arts, l'agriculture ; leurs travaux gigantesques, dont il nous reste quelques débris, font encore l'admiration du monde entier;

2° Les *Carthaginois*, si fameux par leurs richesses, et dont la puissance fit un instant trembler Rome elle-même. Les Romains, partout victorieux, ne tardèrent pas à s'emparer de tout le nord de l'Afrique qui passa sous la domination des Barbares après la chute de l'empire.

La Barbarie se subdivise aujourd'hui en cinq parties principales :

Algérie.

Population : 4,000,000 d'habitants.
Superficie : 250,000 kilomètres carrés.

1° L'*Algérie*, autrefois *Régence d'Alger* (anciennement Numidie et Mauritanie Césarienne), est le nom que l'on donne maintenant aux possessions françaises dans le nord de l'Afrique.

Position. — Ce pays a pour bornes :
Au Nord, la Méditerranée ;
Au Sud, le Sahara ou Grand Désert ;
A l'Est, la régence de Tunis ;
A l'Ouest, l'empire de Maroc.

Montagnes. — On y compte trois grandes chaînes : celle du *Grand-Atlas,* qui va de la frontière du Maroc jusqu'à celle de Tunis, coupant l'Algérie du sud dans toute sa longueur ; celles du *Moyen-Atlas* et du *Petit-Atlas,* qui sont parallèles à la mer et traversent aussi le pays dans toute sa longueur.

Plaines. — Parmi les plus renommées, on cite : la plaine de la *Métidja,* aux environs d'Alger, celle de la *Seybousse,* près de Bône, la plaine d'Oran et celle du *Chélif,* au N. de Milianah.

Rivières. — Les principales sont l'*Arrach,* le *Chélif,* la plus importante de toutes, le *Rhummel,* la *Seybousse,* et la *Tafna.*

Divisions. — L'Algérie se divise en trois départements ou provinces :

1° La *province d'Alger,* comprenant les subdivisions d'Alger, Blidah, Médéah, Milianah, Orléansville, et une partie des tribus du Sahara.

2° La *province d'Oran,* comprenant les subdivisions d'Oran, Mascara, Mostaganem, Tlemcen, et une partie des tribus du Sahara.

3° La *province de Constantine,* comprenant les subdivisions de Constantine, Bône, Sétif, et une partie des tribus du Sahara.

On donne particulièrement le nom de *Kabylie* à un pays montueux qui s'étend entre les villes de Dellys, Dgidgelli, Sétif et Aumale. Les Kabyles, ou anciens *Berbères,* qui l'habitent, sont très-belliqueux, et n'ont jamais été bien soumis à aucune domination étrangère.

1° *Département d'Alger.* — Les villes remarquables sont :

Alger, capitale de toute l'Algérie, port très-commerçant sur la Méditerranée, résidence du gouverneur général, a un évêché depuis 1838. Cette ville, qui a été pendant plusieurs siècles le repaire des corsaires barbaresques les plus redoutés, fut prise par les Français en 1830 ; 93,000 hab.

Blidah, ville importante, célèbre par ses excellentes orangeries ;

Bougie, très-bon port, qui a donné son nom aux chandelles faites avec de la cire ;

Cherchell, où l'on trouve des antiquités romaines ;

Douera, ville agricole, près d'Alger ;

Médéah, dans une situation agréable ; vin blanc excellent dans le voisinage ; cette ville était, avant 1830 la résidence du bey de Titteri.

2° *Département d'Oran*. — On y remarque :

Oran, port très-important sur la Méditerranée a longtemps appartenu aux Espagnols, qui l'abandonnèrent en 1792 ; 25,000 hab.

Arzeu, bon port ; riches salines ;

Mascara, ancienne résidence d'Abd-el-Kader, prise et ruinée par les Français en 1835, commence à se relever de ses ruines ; la vigne se plaît dans son territoire ;

Mostaganem, dont les alentours sont fertiles. On remarque près de là le petit fort de Mazagran, où 123 Français repoussèrent les attaques de 12,000 Arabes, en 1840 ;

Tlemcen, autrefois la ville la plus populeuse de la province d'Oran, et dont le voisinage est d'une grande fertilité.

3° *Département de Constantine*. — Il comprend entre autres villes :

Constantine, qui soutint un siège fameux en 1836 et 1837. Située sur un rocher et entourée par le Rhummel, cette ville est l'ancienne Cirtha, patrie de Massinissa et Jugurtha ; 20,000 hab.

Bone, port sur la Méditerranée, près des ruines de l'ancienne *Hippone*, dont saint Augustin fut évêque depuis l'an 395 jusqu'en 430 ;

Djidgelli, port excellent ;

Guelma, fort marché arabe, ville pleine d'avenir ;

La Calle, petite ville sur le bord de la mer ;

Philipperille, d'origine toute moderne, fondée par les Français, sur la Méditerranée;

Sétif, sur une hauteur où le froid est très-vif.

Climat, productions. — Le climat est en général le même que celui du midi de la France; il est un peu plus chaud le long de la mer, et surtout près du désert, sous l'influence du vent appelé *khamsin* ou *sirocco*.

Pour les productions, l'Algérie est un pays d'avenir, et que la culture rend plus fertile de jour en jour. Le *Tell*, région comprise entre le moyen et le petit Atlas, est un territoire où viennent parfaitement les céréales. Le *Sahara* ou Désert, appelé aussi quelquefois *Beled-ul-Djérid*, produit des dattes excellentes; l'oranger, le citronnier et le figuier sont d'un grand rapport dans le *Sahel*, partie occidentale du Sahara. L'Agérie renferme de riches mines de fer et de cuivre, dont l'exploitation paraît devoir être une source de richesses.

Notions historiques. — L'Algérie présente deux races ennemies l'une de l'autre : la race *kabyle*, la plus accessible à la civilisation européenne, et la race *arabe*, enchaînée au fanatisme de Mahomet.

Les indigènes de la province d'Oran sont généralement plus belliqueux que ceux des deux autres provinces.

Alger était, bien avant le xv⁰ siècle, le refuge des pirates musulmans qui infestaient la Méditerranée. En 1510, les Espagnols s'en emparèrent, et la gardèrent six mois seulement. Les corsaires *Barberousse* firent d'Alger le chef-lieu de la principauté qu'ils fondèrent sur la côte septentrionale de l'Afrique. Depuis, cette ville a toujours eu de l'importance. Charles-Quint, le duc de Beaufort, l'amiral Duquesne, sous Louis XIV, et enfin lord Exmouth, en 1816, avaient menacé, humilié Alger, sans pouvoir la réduire.

En 1830, le dey Hussein ayant insulté publiquement le consul général de France, une flotte, sous les ordres de l'amiral Duperré, s'avança pour châtier l'insolent, et, après une énergique résistance, Alger capitula le 5 juillet de la même année, et la France devint alors maîtresse de cette importante colonie.

2° L'*Empire du Maroc.* — C'est un pays à demi barbare, situé le long de la Méditerranée et de l'Océan Atlantique. Après avoir fait longtemps partie de l'empire Ottoman, il s'en affranchit et forma un Etat indépendant. On y remarque.

Maroc, capitale de l'empire, ville industrieuse et commerçante;

Fez, ville très-importante;

Mogador, bon port sur l'Océan Atlantique, bombardé par les Français en 1844.

Le Maroc est un pays fertile, mais mal cultivé; il fait un excellent commerce de cuirs connus sous le nom de *maroquins.*

3° *Régence de Tunis.* — Elle est située à l'E. de l'Algérie; c'est un pays riche et bien cultivé sur les côtes, mais montagneux et presque stérile vers le midi. Le dey, qui était autrefois vassal de l'empire Ottoman, s'est rendu tout à fait indépendant depuis la conquête de l'Algérie par les Français.

Tunis, sur les bords de la Méditerranée, capitale de la Régence, est une ville très-commerçante.

4° *Etat de Tripoli.* — Il est situé à l'E. de la Régence de Tunis et séparé de l'Égypte par le désert de *Barca.* C'est un pays peu fertile, malsain, gouverné par un dey, vassal de la Turquie.

Tripoli, autrefois plus importante, est la capitale du pays.

5° *Egypte.* — Elle est placée entre la mer Rouge et l'État de Tripoli. C'était autrefois une des contrées les plus florissantes du monde et le berceau des sciences et des arts; elle est encore couverte de monuments admirables qui attestent son antique splendeur.

L'histoire de l'Egypte est entièrement liée à l'histoire du peuple hébreu. C'est là qu'Abraham se rendit par l'ordre de Dieu; que Joseph s'illustra, que Jésus-Christ se réfugia pour échapper à la persécution d'Hérode, etc.

Ce malheureux pays commence enfin à sortir de la barbarie dans laquelle les Turcs l'ont tenu plongé pendant tant de siècles. On y remarque :

Le *Caire*, sur la rive droite du Nil, ville très-importante et capitale de l'Egypte ; 300,000 habitants.

Alexandrie, port très-commerçant sur la Méditerranée ;

Damiette et *Rosette*, célèbres dans l'histoire de saint Louis, très-commerçantes.

Il ne pleut presque jamais en Egypte ; mais les débordements du Nil, qui durent trois mois environ, donnent à toute la vallée arrosée par ce fleuve une remarquable fertilité. Des canaux répandent les eaux dans toutes les directions. Le limon qu'elles déposent forme un excellent engrais. Cent jours suffisent pour semer et pour faire la récolte, de sorte que l'on peut facilement faire deux ou trois récoltes dans la même terre et dans la même année.

Productions. — En Egypte croissent avec une merveilleuse abondance, le blé, le riz, la canne à sucre, le chanvre, le lin, le coton, le dattier, l'oranger, etc.

II. SAHARA OU GRAND-DÉSERT. — C'est une vaste contrée couverte de sables brûlants qui s'élèvent quelquefois comme les vagues de la mer et engloutissent tout ce qu'ils rencontrent. Le Sahara est habité par des Arabes presque tous nomades.

III. — SÉNÉGAMBIE. — Les côtes sont marécageuses et malsaines ; au centre on trouve d'immenses plaines, de hautes montagnes et des vallées fertiles. Les pluies y sont très-abondantes et les chaleurs excessives, ce qui explique l'accroissement prodigieux que prend la végétation.

La France possède un établissement au *Sénégal* dont le chef-lieu est *Saint-Louis* dans une île.

IV. — GUINÉE. Elle se divise en deux parties : la Guinée septentrionale et la Guinée méridionale.

Les côtes de la Guinée septentrionale prennent les noms de côtes des *Graines*, des *Dents*, ou d'*Ivoire*, de *Côte-d'Or*, des *Esclaves*, selon le commerce qui s'y fait.

La végétation est très-active dans cette contrée et présente des proportions extraordinaires.

Les Français, les Anglais, les Hollandais et les Danois y ont des établissements.

La Guinée méridionale est aussi appelée *Congo*; on y trouve d'immenses forêts.

V. — COLONIE DU CAP. — Cette colonie, aussi appelée *pays des Hottentots*, est située à l'extrémité sud de l'Afrique; elle est aujourd'hui au pouvoir des Anglais. Elle présente des vallées fertiles, où se trouvent toutes les productions de l'Europe et celles de l'Afrique, et d'immenses plaines désertes et stériles.

Le Cap, capitale du pays, est une place importante où relâchent les vaisseaux qui vont en Asie ou qui en reviennent.

VI. — MOZAMBIQUE. — Il appartient aux Portugais; on y trouve des mines d'or et d'argent assez abondantes.

Mozambique, sa capitale, est la ville la plus commerçante de toute la côte.

VII. — ZANGUÉBAR. — Cette contrée ne présente que des déserts et des rochers, les côtes sont marécageuses et malsaines. *Mélinde* et *Quiloa* en sont les villes principales.

VIII. — ABYSSINIE. — Elle s'étend sur les bords de la mer Rouge.

Autrefois l'Abyssinie formait un État puissant; elle est aujourd'hui en partie tributaire de l'Egypte. *Gondar*, sa capitale, est une ville industrieuse et commerçante.

IX. — NUBIE. — Contrée aussi tributaire de l'Egypte et au sud de ce pays; elle est très-fertile sur les bords des rivières, mais stérile dans les autres parties.

On y remarque *Sennaar*.

X. — NIGRITIE OU SOUDAN. — C'est une immense contrée peu connue, qui comprend toute la partie centrale de l'Afrique. *Tombouctou* passe pour sa ville principale.

XI. — CAFRERIE. — Cette vaste contrée, qui nous est presque entièrement inconnue, s'étend des monts de la Lune au pays des Hottentots.

Iles de l'Afrique. Les principales sont :

Dans l'Océan Atlantique : les *Canaries*, qui appartiennent à l'Espagne ;

Les îles de *Madère*, renommées par leur vin, — aux Portugais ;

Sainte-Hélène, à jamais mémorable par la captivité de Napoléon, — aux Anglais.

Dans la mer des Indes : *Madagascar*, île considérable.

Bourbon ou île de la Réunion, importante colonie française, est très-volcanique ; on y remarque *Saint-Denis* et *Saint-Paul*.

L'Ile de France ou *Maurice* appartient aujourd'hui à l'Angleterre.

Questionnaire. — Quelles sont la population et la superficie de l'Afrique ? — Quelle est la position de l'Afrique ? — Quelles en sont les principales montagnes ? — Et les versants ? — Quels sont les principaux fleuves du versant de la Méditerranée ? — Et du versant de l'Atlantique ? — Et du versant du Sud ? — Et du versant de la mer des Indes ? — Quelles sont les divisions politiques de l'Afrique ? — Quelle est la position de la Barbarie ? — Quels sont les peuples qui ont habité autrefois cette contrée ? — Quelles sont la population et la superficie de l'Algérie ? — Quels noms a porté autrefois l'Algérie ? — Quelles sont les bornes de ce pays ? — Quelles sont les montagnes de l'Algérie ? — Et les plaines ? — Et les rivières ? — Et les divisions ? — Quelle contrée désigne-t-on spécialement sous le nom de Kabylie ? — Quelles sont les principales villes du département d'Alger ? — Et du département d'Oran ? — Et du département de Constantine ? — Quels sont le climat et les productions de l'Algérie ? — Quelles races habitent l'Algérie ? — Qu'était Alger avant le xve siècle ? — Par suite de quelles circonstances cette ville fut-elle attaquée et conquise par les Français ? — Qu'est-ce que le Maroc ? — Quelles sont les principales villes de cet empire ? — Et la régence de Tunis ? — Et l'État de Tripoli ? — Où est placée l'Égypte ? — Qu'était l'Égypte autrefois ? — Quelles sont les principales villes de l'Égypte ? — Quelle particularité présente l'Égypte ? — Quelles en sont les productions ? — Qu'est-ce que le Sahara ? — Et la Sénégambie ? — Quels établissements les Français possèdent-ils au Sénégal ? — Qu'est-ce que la Guinée ? — Quels noms prennent les côtes de la Guinée ? — Quels peuples ont des établissements dans cette contrée ? — Où est située la colonie du Cap ? — Quelle est la capitale de ce pays ? — Et le Mozambique ? — Et l'Abyssinie ? — Et le Zanguebar ? — Et la Nubie ? — Et la Nigritie ? — Et la Cafrerie ? — Quelles sont les principales îles de l'Afrique ?

XIX

AMÉRIQUE.

Notions Générales. — Le *Nouveau-Monde*, découvert en 1492, par un Génois, Christophe Colomb, porte le nom d'*Amérique*, d'un Florentin, *Améric Vespuce*, qui en 1497, parcourut les côtes et dressa la première carte de ce pays.

Limites. — L'Amérique est située entre l'Océan Atlantique, qui la baigne à l'Est, le Grand Océan, qui la baigne à l'Ouest, la mer Glaciale du Nord et l'Océan Glacial du Sud. Elle n'est séparée de l'Asie que par le détroit de Béhring, qui fait communiquer la mer Glaciale du Nord avec le Grand Océan.

Elle se divise en deux grandes presqu'îles : l'Amérique du Nord et l'Amérique du Sud, jointes ensemble par l'isthme de *Panama*.

Montagnes. L'Amérique est traversée du Nord au Sud par une longue chaîne de montagnes appelée la *Cordillière des Andes*, qui prend aussi dans le *Mexique* et dans l'*Amérique anglaise* les noms de *Monts Rocheux* et de *Monts Pierreux*. Cette chaîne de montagnes renferme les plus grandes richesses métalliques connues : les mines d'or et d'argent du Pérou sont les principales.

On trouve encore à l'Est, dans les Etats-Unis, les monts *Allégkanis*, et dans le Brésil, les *Monts du Brésil*, qui renferment des mines d'or et de *diamants*.

Versants. — Ces montagnes divisent l'Amérique en deux grands versants principaux : celui de l'*Océan Atlantique*, qui comprend les versants secondaires de la mer d'*Hudson* et de la mer des *Antilles*, et le versant du *Grand Océan*.

1. *Versant du Grand Océan.* — Il ne renferme pas de fleuves remarquables. C'est un long ruban de terre resserré continuellement entre les *Cordillères* et la mer.

2. *Versant de l'Océan Atlantique.* — C'est dans ce versant que se trouvent les plus beaux fleuves du monde, les principaux sont :

Le *Saint-Laurent*, formé de la rivière Saint-Louis et d'une longue suite de lacs dont les plus remarquables sont les lacs *Er é*, *Supérieur* et *Horn* (véritables mers d'eau douce); il traverse une partie de l'*Amérique anglaise*, qu'il sépare des *Etats-Unis*, arrose *Montréal*, *Québec*, et finit dans l'Océan Atlantique, en face de l'île de *Terre-Neuve*.

Le *Mississipi* arrose *Saint-Louis*, *Natchez*, la *Nouvelle-Orléans*, et se jette dans le golfe du Mexique au-dessous de cette ville.

Il reçoit un grand nombre de rivières, entres autres le *Missouri* et l'*Ohio* qui arrose *Cincinnati* ;

L'*Orénoque*, qui traverse de l'ouest à l'est la Colombie et se jette dans l'Océan Atlantique. Il a une grande quantité d'affluents ;

Le fleuve des *Amazones*, le plus grand du globe, arrose une partie de la *Colombie*, du Pérou et du Brésil, passe près de *Cusco*, autrefois la capitale de l'empire des *Incas*, traverse des plaines immenses à peine habitées, forme une multitude d'îles, de marécages, et se jette dans l'Océan Atlantique, après un cours de 4,800 kil.; il a une infinité d'affluents ;

L'*Oyack*, petit fleuve qui forme à son embouchure une île sur laquelle est située *Cayenne*.

La *Plata* prend sa source dans le Brésil, arrose *Santa-Fé*, se réunit à l'Uruguay, arrose *Buénos-Ayres*, *Monte-Vidéo*, et se jette dans le golfe du Mexique ;

Ses affluents principaux sont : le *Paraguay*, qui arrose *Coïmbre* et l'*Ascension; l'Uruguay*.

Divisions. — L'Amérique se divise en 16 contrées principales, savoir :

1. Le *Groënland*, à l'Est de la mer de Baffin, non loin de l'Islande, découvert au xe siècle par les Danois, qui ont formé des établissements sur la côte occidentale. Les côtes de l'Est sont inabordables.

Ce pays est couvert de neiges et de glaces presque toute l'année, et le sol ne produit qu'une végétation misérable (la mousse).

Les Groënlandais vivent de pêche. Le *chien marin* leur

est d'une grande ressource; ils mangent sa chair et s
font des vêtements de sa peau.

2. *L'Amérique russe.* — C'est un pays à peine connu
Le Nord est couvert de neiges et de glaces éternelles.
y a de nombreux volcans.

3. *L'Amérique anglaise.* — Cette contrée est couvert
de lacs. Le Nord est habité par les Esquimaux.

La France avait autrefois des établissements florissant
dans la partie de cette contrée appelée *Canada ;* elle les
cédés à l'Angleterre en 1763. Les villes principales sont
Montréal qui fait un grand commerce de pelleteries ;

Québec, fondée par les Français, ancienne capitale d
Canada.

4. *États-Unis.* — C'est une des premières puissance
du monde, composée de 33 États.

Cette immense contrée offre des aspects très-variés
des montagnes à l'Ouest et à l'Est, de grandes plaine
sablonneuses, des marais, des vallées fertiles. On
trouve, au Nord, toutes les plantes de l'Europe ; au Sud
celles des tropiques.

L'agriculture y a fait des progrès remarquables ; l'in
dustrie y a pris une extension considérable ; on y trouv
de nombreuses filatures de laine, de coton, des tanne
ries, des manufactures de tabac, des raffineries de su
cre, des distilleries, des forges, des fonderies, etc. Com
merce immense favorisé par de nombreuses rivières, de
canaux, des chemins de fer.

On y remarque *Washington,* capitale de la Confédé
ration ; 25,000 hab.

New-Yorck, la plus importante ville de l'Amérique e
l'une des plus commerçantes du monde ; 360,000 h.

Boston ; Philadelphie ;

La *Nouvelle-Orléans,* ville fondée par les Français
dont elle a conservé la langue et les mœurs. L'air y es
malsain ; la fièvre jaune y fait souvent des ravages.

Les tabacs de Virginie et de Maryland sont très-re
nommés.

5. *Mexique.* — Il est traversé du Nord au Sud par l

Cordillère des Andes, de l'Ouest à l'Est par une autre chaîne de montagnes qui va rejoindre les monts Alléghanys. De ces diverses chaînes partent de nombreux cours d'eau qui arrosent presque toute cette fertile contrée.

Les montagnes du Mexique renferment plusieurs volcans.

On y trouve des mines d'or et d'argent.

Les villes principales sont : *Mexico*, capitale, une des plus belles et des plus riches villes du monde ;

Véra Cruz, la ville la plus commerçante du Mexique ;

Guanaxuato et *Saint-Jean-de-Poto*, célèbres par leurs mines d'argent ; *Campêche*.

La *Californie*, si célèbre de nos jours fait partie du Mexique. C'est un pays aride et sablonneux ; la ville principale est *San Francisco*.

6. *Guatimala*. — Cette contrée, la plus étroite de de l'Amérique, est resserrée entre le golfe du Mexique et le Grand Océan ; c'est un pays volcanique qui faisait autrefois partie du Mexique et s'en est séparé en 1820. Les villes principales sont :

Guatimala, capitale, sur les bords du Grand Océan ;

Léon, sur les bords du lac de *Niagara*, dont la cataracte est célèbre ; *San-Salvador*.

7. *Colombie.* — La Colombie, ainsi appelée du nom de Christophe Colomb, présente à l'Est des plaines immenses, des déserts habités par des peuples sauvages ; à l'Ouest, des vallées profondes d'une remarquable fertilité, de belles forêts.

Une partie est habitée par la tribu belliqueuse des *Mosquitos*.

La Colombie appartint à l'Espagne jusqu'en 1811, et forma un seul État indépendant jusqu'en 1820. Elle comprend aujourd'hui trois principaux États confédérés :

1° La *Nouvelle-Grenade*, au N.-O., qui a pour capitale *Santa-Fé de Bogota* ;

2° Le *Vénézuéla*, capital *Caracas*, ville très-commerçante, sur le bord de la mer des Antilles ;

3° L'*Equateur*, ainsi appelé à cause de sa position, capitale *Quito*, au pied d'une montagne volcanique.

8. *Guyane.* — Elle est située au N.-O. du Brésil, sur les bords de l'Océan Atlantique, et se compose de plaines, d'immenses forêts, de quelques montagnes au centre et au sud, de marécages. Les côtes sont basses et marécageuses, mais beaucoup moins malsaines qu'on le dit généralement.

Elle se divise en trois parties :

1° La Guyane française, capitale *Cayenne*, dans une petite île ;

2° La Guyane anglaise, dont les villes principales sont : *Georgetown* et la *Nouvelle-Amsterdam* ;

3° La Guyane hollandaise, capitale *Paramaribo*.

9. *Pérou.* — Le Pérou, habité autrefois par les *Incas*, conquis par Pizarre, pour l'Espagne, secoua le joug de la métropole et devint indépendant en 1824.

Il présente, à l'Ouest, une plaine immense peu productive ; au centre, des plaines bien cultivées et fertiles ; à l'Est, des montagnes volcaniques qui renferment des mines nombreuses d'or, d'argent, de mercure.

Ville principale : *Lima*, ville magnifique, sur les bords du grand Océan.

10. *Bolivia.* — Ce pays, ainsi appelé du nom de son libérateur (Bolivar), forme un État indépendant du Pérou depuis 1825.

Il est traversé par la Cordillère des Andes.

Au centre, on rencontre de hautes montagnes, des vallées fertiles, à l'Est d'immenses forêts.

Mines d'or et d'argent en abondance.

On y remarque : *la Plata*, capitale, ainsi appelée à cause des riches mines d'argent que les Espagnols ont trouvées dans les environs.

La Paz, remarquable par ses mines et par les paillettes d'or que charrie la rivière qui y passe ;

Potosi, célèbre par ses mines d'argent.

11. *Chili.* — C'est un pays très-étroit, resserré entre la Cordillère des Andes et le Grand Océan. Il est

très-volcanique et sujet à de fréquents tremblements de terre.

On y trouve : *San-Yago*, capitale ; *Valparaiso* et *la Conception*, ports très-fréquentés sur le Grand Océan.

12. *Etats-Unis de la Plata* ou *République Argentine*. — Cette contrée fut florissante sous la domination des Espagnols ; livrée à l'anarchie depuis plusieurs années, elle a beaucoup de peine à se relever de ses ruines.

On y remarque *Buénos-Ayres*, centre d'un grand commerce, autrefois très-riche et très-peuplée.

Santa-Fé, ville commerçante.

13. *Uraguay*. — Il est aujourd'hui indépendant de l'Etat de Buénos-Ayres dont il faisait partie depuis 1828 ; il offre des plaines fertiles, mais mal cultivées. On y trouve une grande quantité de chevaux sauvages. Sa capitale est *Montévidéo*.

14. *Paraguay*. — Ce pays, civilisé par les Jésuites, a perdu toute sa prospérité depuis la suppression de l'Ordre ; il a pour ville principale l'*Assomption*.

15. BRESIL. — Le *Brésil*, le plus vaste empire de l'Amérique, a longtemps appartenu au Portugal ; les Brésiliens s'affranchirent de la métropole, et nommèrent, en 1824, le régent empereur.

Cette contrée offre des plaines immenses au Nord, au Sud et à l'Ouest ; des montagnes au centre et à l'Est ; on y trouve encore de grandes forêts vierges et de vastes marais. Une partie de la population n'est pas civilisée ; les Indiens indépendants, encore assez nombreux, mènent une vie errante et misérable.

Les villes remarquables sont : *Rio-Janeiro, Saint-Paul* et *Fernambouc*.

16. *Patagonie*. — Ce pays est peu connu, et il est habité par des sauvages.

Productions de l'Amérique.

1° *Règne végétal*. — Le sol de l'Amérique produit en abondance tous les végétaux de l'Europe et d'excellents fruits. On y trouve, en outre, du coton, de l'indigo, du café, des épices, la canne à sucre, la myrrhe, l'encens, le tabac, surtout dans les États-Unis; la cochenille, la vanille, le cacao, des baumes, des bois de teinture dits bois de Campêche, du quinquina, des oliviers, etc.

2° *Règne minéral*. — Mines très-riches et très-nombreuses d'or, d'argent, de platine, de cuivre, de fer, de mercure, de charbon de terre.

Il y a des carrières de diamants; on y trouve des perles.

3° *Règne animal*. — Le loup noir, le loup rouge, l'ours, le castor, le chien de Terre-Neuve, le buffle, le Bison, la vigogne, des crocodiles, des serpents boa, des serpents à sonnettes, etc., etc.

L'oiseau-mouche, le colibri, beaucoup de perroquets et de singes.

Iles de l'Amérique.

Les principales îles de l'Amérique sont celles qui sont situées entre le *golfe du Mexique* et l'*Océan Atlantique*. Elles se divisent en quatre groupes principaux :

1° Les *Lucayes*, dont la plus célèbre est *San Salvador*, où aborda Christophe-Colomb;

2° Les *Grandes-Antilles*, dont les principales sont : *Cuba*, aux Espagnols; *Haïti* ou Saint-Domingue; la *Jamaïque*, aux Anglais.

3° Les *Petites-Antilles*, appelées aussi îles du Vent, qui appartiennent aux Anglais, aux Hollandais, aux Danois, aux Suédois. Les Français en possèdent plusieurs, entre autres la *Guadeloupe* et la *Martinique*.

4. Les *Iles-sous-le-Vent*, sur les côtes de la Colombie.

Questionnaire. — En quelle année et par qui fut découvert le Nouveau-Monde? — D'où lui vient le nom d'Amérique? — Quelles sont les bornes de l'Amérique? — Quelles sont ses principales chaînes de montagnes? — Et ses principaux versants? — Qu'est-ce que le versant du Grand Océan? — Quels sont les principaux fleuves du versant de l'Océan Atlantique? — En combien de contrées se divise l'Amérique? — Où se trouve placé le Groënland? — Par qui et à quelle époque fut-il découvert? — De quoi vivent ses habitants? — Qu'est-ce que l'Amérique russe? — Les Français n'avaient-ils point des établissements au Canada? — A qui et à quelle époque les ont-ils cédés? — Qu'est-ce que les Etats-Unis? — Dans quel état s'y trouvent l'agriculture et l'industrie? — Quelles en sont les principales villes? — Où est situé le Mexique? — Quelles sont les principales villes de cette contrée? — Et la Californie? — Et le Guatémala? — Et la Colombie? — Quels états comprend cette République? — Où est située la Guyane? — En combien de parties se divise-t-elle? — Où est situé le Pérou? — Quelles sont les principales villes de cette contrée? — Et la république de Bolivia? — Quelle sont les principales îles de l'Amérique?

XX

OCÉANIE.

On donne le nom d'Océanie à une infinité d'îles situées dans le Grand Océan, au Sud-Est de l'Asie et au Sud-Ouest de l'Amérique.

Toutes ces îles se divisent en trois parties: 1° les *Iles Asiatiques*; 2° la *Polynésie*; 3° l'*Australie*.

1° ILES ASIATIQUES. — Les principales sont:

Sumatra, séparée de l'Asie par le détroit de Malacca. Elle est habitée par des peuplades peu civilisées. Les Hollandais y ont des établissements.

L'île de *Java*, capitale *Batavia*, la ville la plus importante de l'Océanie. Elle appartient aux Hollandais. Cette île est séparée de l'île de Sumatra par le détroit de la Sonde.

L'île de *Bornéo*, dont la capitale, qui porte le même nom, fait un grand commerce avec la Chine. Cette île produit des épices, du camphre, et renferme des mines d'or et des diamants.

Célèbes, île très-fertile. On y rencontre des plantes très-vénéneuses. Une partie est soumise aux Hollandais.

L'*Archipel des Moluques* est composé d'un assez grand nombre d'îles dont les principales sont *Amboine* et *Ternate*. Elles produisent des épices. C'est la patrie du giroflier et du muscadier. Elles appartiennent pour la plupart aux Hollandais.

L'*Archipel des Philippines*, découvert en 1521 par Magellan, est composé d'un grand nombre d'îles volcaniques, dont les principales sont *Luçon* et *Mindanao*.

On y trouve des mines de fer, de cuivre et d'or. Elles produisent la *canne à sucre* et du *coton* très-estimé. L'île de *Luçon* a pour capitale *Manille*. Une partie de ces îles appartient aux Espagnols, le reste est habité par des peuples sauvages.

2° POLYNÉSIE. — Les îles principales sont :

Les *îles Sandwich*, îles volcaniques, situées à l'extrémité N.-E. de l'Océanie. Les habitants sont industrieux, ils ont été civilisés par les Anglais. *Cook* y fut tué en 1779. Le roi et la reine de cet archipel sont venus visiter l'Angleterre en 1825.

Les *îles Marquises*, où les Français ont fondé des établissements depuis quelques années. Taïti est la principale.

Les *îles de la Société* sont assez fertiles et elles sont placées sous la protection de la France, qui y a fondé un établissement. Les habitants ont reçu des Anglais un commencement de civilisation.

3° AUSTRALIE. — Les principales sont :

La *Nouvelle-Hollande*, qui est presque aussi grande que l'Europe et où les Anglais ont formé des établissements qui ont pris un très-grand accroissement. C'est là qu'ils envoient les criminels et les condamnés politiques. Le chef-lieu de la colonie est *Sydney;* les autres villes remarquables sont *Botany-Bay* et *Bathurst*.

La population de cette île est la plus chétive du globe.

Les Anglais ont aussi fondé des établissements dans l'île de *Diémen*, située au sud de la précédente.

La *Nouvelle Zélande*, divisée en deux parties par le détroit de Cook, est une île très-fertile. Les habitants, nègres anthropophages, sont agriculteurs, et on les dit très-habiles dans l'art de tisser les étoffes.

Questionnaire. — Qu'est-ce qu'on appelle Océanie? — En combien de parties se divisent les îles qui la composent? — Quelles sont les principales îles Asiatiques? — Et les principales îles de la Polynésie? — Et de l'Australie?

FIN.

Coulommiers. — Imprimerie de A. MOUSSIN.